PSICOPATOLOGIA E PSICODINÂMICA NA ANÁLISE PSICODRAMÁTICA

VOLUME I

Dados Internacionais de Catalogação na Publicação (CIP)
(Câmara Brasileira do Livro, SP, Brasil)

Dias, Victor R. C. S.
  Psicopatologia e psicodinâmica na análise psicodramática,
volume I / Victor R. C. S. Dias. — São Paulo : Ágora, 2006.

  Bibliografia.
  ISBN 85-7183-022-3

  1. Psicodrama 2. Psicopatologia 3. Psicoterapia psicodinâmica
4. Psiquiatria I. Título.

06-7285   CDD-150.198

Índice para catálogo sistemático:

1. Análise psicodramática : Psicopatologia e psicodinâmica :
               Psicologia   150.198

Compre em lugar de fotocopiar.
Cada real que você dá por um livro recompensa seus autores
e os convida a produzir mais sobre o tema;
incentiva seus editores a encomendar, traduzir e publicar
outras obras sobre o assunto;
e paga aos livreiros por estocar e levar até você livros
para a sua informação e o seu entretenimento.
Cada real que você dá pela fotocópia não-autorizada de um livro
financia o crime
e ajuda a matar a produção intelectual de seu país.

VICTOR R. C. S. DIAS

PSICOPATOLOGIA E PSICODINÂMICA
NA ANÁLISE PSICODRAMÁTICA

VOLUME I

PSICOPATOLOGIA E PSICODINÂMICA
NA ANÁLISE PSICODRAMÁTICA
Volume I
Copyright © 2006 by Victor R. C. S. Dias
Direitos desta edição reservados por Summus Editorial

Editora executiva: **Soraia Bini Cury**
Assistente de produção: **Claudia Agnelli**
Capa: **Daniel Rampazzo / Casa de Idéias**
Projeto gráfico: **Daniel Rampazzo / Casa de Idéias**
Diagramação: **Raquel Coelho / Casa de Idéias**
Fotolitos: **Pressplate**

Editora Ágora
Departamento editorial:
Rua Itapicuru, 613 – 7º andar
05006-000 – São Paulo – SP
Fone: (11) 3872-3322
Fax: (11) 3872-7476
http://www.editoraagora.com.br
e-mail: agora@editoraagora.com.br

Atendimento ao consumidor:
Summus Editorial
Fone: (11) 3865-9890

Vendas por atacado:
Fone: (11) 3873-8638
Fax: (11) 3873-7085
e-mail: vendas@summus.com.br

Impresso no Brasil

Sumário

PSICODRAMA CONTEMPORÂNEO, 7

1. O DESENVOLVIMENTO DO PSIQUISMO NA ANÁLISE PSICODRAMÁTICA, 13
2. PATOLOGIA DAS NEUROSES, 67
3. PSICOPATOLOGIA E PSICODINÂMICA DO ESQUIZÓIDE, 93
4. PSICOPATOLOGIA E PSICODINÂMICA DO INGERIDOR, 103
5. PSICOPATOLOGIA E PSICODINÂMICA DO DEFECADOR, 113
6. PSICOPATOLOGIA E PSICODINÂMICA DO URINADOR, 121
7. PSICOPATOLOGIA E PSICODINÂMICA DO *BORDERLINE*, 131
8. PSICOPATOLOGIA E PSICODINÂMICA DA ESQUIZOFRENIA, 139
9. A PSICODINÂMICA DAS DIVISÕES INTERNAS, 155

REFERÊNCIAS BIBLIOGRÁFICAS, 169

Psicodrama contemporâneo[1]

E corria o ano da graça de 1921, em Viena, quando o jovem Moreno, cansado de cair da janela fingindo ser Deus, resolve, enfim, criar o contexto do "como se" para as suas futuras investidas.

E assim, ele criou o Psicodrama. Bendito seja!

Nos idos de 1970, a nau psicodramática aporta no Brasil, e um grupo de corajosos desbravadores embarca nestas águas e, entre tapas e gritos, aplausos e críticas, ufanismo e invejas, era criado o movimento psicodramático brasileiro.

E no começo era uma festa, uma grande alegria, catarses em profusão, resolvia-se tudo!

Enfrentavam-se os pais, paqueravam-se as mães, xingava-se o chefe, roubava-se o banco, praticava-se incesto, pedia-se perdão. Julgo, mato e morro. Viro meu pai, sou minha avó,

---

[1] Palestra proferida pelo dr. Victor Roberto Ciacco da Silva Dias no XII Congresso Brasileiro de Psicodrama, em Águas de São Pedro, São Paulo, 2000.

sou chefe, sou Deus e também sou o Diabo e, no fim, é tudo um "como se" mesmo!

É tudo tão fácil! É tudo tão mágico!

Mas, lentamente, fomos descobrindo que o nosso psicodrama era diferente do psicodrama de Beacon.

O psicodrama moreniano estava estruturado para um grande público, para um grupo grande, com uma profusão de egos auxiliares, com uma enorme caixa de ressonância afetiva, com duplos múltiplos e uma infinidade de recursos, com palco e cadeiras cruzadas. Estava estruturado para ser uma psicoterapia profunda, mas de curta duração – poucas semanas e até mesmo uma única sessão.

Mas, em contrapartida, o nosso psicodrama, latino, e principalmente o nosso psicodrama brasileiro, eram uma psicoterapia processual de meses e meses, e até de anos e anos de duração.

Estava armada a confusão!

Porque, depois de uma brilhante dramatização, com uma enorme descarga emocional, lá estava o meu cliente, de novo com sua angústia. De novo?!

Então, instalava-se um enorme vazio... O que fazer? Outra descarga emocional brilhante?

Mas descarregar o quê? Onde foi que nos perdemos?

Que raio de angústia é esta, que a tudo resiste?

Não é mais uma angústia circunstancial do cotidiano da vida.

Nem é uma angústia existencial ligada ao projeto de vida.

É a angústia patológica resultante dos conflitos instalados na esfera do intrapsíquico!

E, devagar, envergonhados e constrangidos, os psicodramatistas brasileiros vão sentindo a falta de algo, que durante muito tempo foi palavra tabu no grande barco psicodramático: psicopatologia.

Foi neste ponto que me dei conta de que, no psicodrama moreniano, no psicodrama público, no ato terapêutico, o terapeuta trabalha centrado nos sentimentos e nas emoções, contidas e reprimidas, do seu protagonista, e seu enfoque é a descarga dramática destas emoções.

Mas, num psicodrama processual, é mister estar centrado na angústia patológica de seu cliente, para não cair no vazio e no sem-saída.

Mas quem naquelas águas entendia de psicopatologia era o doutor Bermúdez, com o seu núcleo do Eu.

Que alívio!

Pelo menos fiquei sabendo que os ingeridores precisavam receber algo do mundo externo ou de si mesmos, que os defecadores precisavam criar, elaborar, expressar e comunicar seus conteúdos internos no ambiente externo, e que os urinadores precisavam aprender a planejar, controlar, decidir e executar suas ações no mundo externo.

Isto já dava um certo rumo nesse tal de psicodrama processual, mas não resolvia totalmente aquele raio de angústia patológica, pois, quando menos se esperava, lá estava ela de novo.

De novo, no sem saída! Aí, o doutor Bustos, que nos ensinou as suas famosas cenas verticais.

Ufa! Enfim, alguém que entendia de angústia patológica e ia em busca de suas origens e de suas causas. Mas somente até certo ponto...

Foi a época das catarses demolidoras.

E quebra banquinho, e rasga almofada, a raiva precisa sair, e quebra banquinho e quebra banquinho! Um prejuízo danado em banquinho!

Mas, se é para o bem do cliente, compram-se mais banquinhos.

Mas, novamente acontece, descarrega a raiva, e haja raiva e, ledo engano, a angústia patológica continuava lá!

Foi a hora do desespero e aconteceu, então, a grande debandada.

Alguns dos desbravadores pediram arrego e foram chorar no divã do doutor Freud, outros transcenderam e foram conversar com os arquétipos do doutor Jung; um grupo se matriculou na academia do professor Lowen, e outros, em pleno desespero, entraram para o PT! Bons e saudosos camaradas.

Mas o doutor Moreno tinha deixado sua marca, e o bando restante, acionando a marca da criatividade e da espontaneidade, resolveu criar e recriar o psicodrama dentro do próprio psicodrama.

E eu me incluo entre eles.

Passei então a não mais me preocupar com a descarga das emoções contidas e reprimidas, e sim a seguir a pista da angústia patológica dos meus clientes.

Encontrei coisas incríveis!

Assim descobri que aquela cliente frustrante, que cada vez que eu estava prestes a fazê-la gritar "mamãe!" sentia tonturas e as mãos formigavam, estava tendo uma defesa conversiva dentro do *setting*. E aquele cliente sonífero, que me fazia cair no mais profundo torpor, estava apenas acionando sua defesa fóbica. E aquele que a toda hora punha palavras na minha boca que eu nem sabia se queria ou não dizer, estava apenas usando sua defesa de atuação psicopática. E aquele outro, que entrava na sala e travava um intenso debate consigo mesmo, deixando-me como um grande espectador, estava utilizando sua defesa depressiva. E aquela cliente que me contava sua história, sistematicamente, em capítulos, como se fosse a novela das oito, estava usando uma defesa obsessiva.

E com uma variante do espelho moreniano, que chamei de espelho que retira, estes quadros eram facilmente revertidos.

Neste ponto, comecei a me encontrar. A angústia patológica começava a ceder e ir embora.

Descobri, também, que aquele cliente que eu torcia em silêncio para não vir mais à sessão, mas ele vinha, e que eu tentava achar um meio de encaminhar para o meu mais odiado adversário, estava apenas fazendo um vínculo compensatório no *setting*. Estava me jogando uma função delegada e me pressionando para que eu assumisse a função complementar patológica.

E aquele outro, que me fazia acordar à noite tentando achar uma saída para seus impasses, estava apenas fazendo uma divisão interna externalizada no *setting*.

E com outra variante do espelho, acrescida de uma interpolação de resistência, que chamei de espelho que reflete, isso também era facilmente revertido.

Descobri e sistematizei que o *insight* psicodramático é apenas um resgate do material vivencial excluído do conceito de identidade vigente, que estava armazenado na 2ª zona de exclusão. E que a catarse de integração é o material cenestésico vivenciado em forma de climas afetivos inibidores, tanto da fase intra-uterina como dos dois primeiros anos de vida do bebê, e armazenado na 1ª zona de exclusão.

Descobri e sistematizei que o suicídio é uma divisão interna, externalizada ou não, onde a dinâmica interna acusador/acusado se transforma numa dinâmica de assassino/vítima.

E que as dependências são, na realidade, vínculos compensatórios estabelecidos com comida, bebida, cigarro etc. E que as compulsões são dinâmicas de divisão interna corporificada entre figuras de mundo interno, restritivas e permissivas.

Que o sonho é um material codificado e simbólico que tem origem nas zonas de exclusão e são sabidos sem poder ser pelo Eu consciente do sonhador, e que, em vez de interpretá-los e dramatizá-los, é melhor apenas decodificá-los, formando assim uma interface entre o terapeuta e a zona de exclusão do cliente.

E descobri, entre muitas outras coisas mais, que a angústia patológica desaparece após o resgate do material da 1ª zona de exclusão, que acontece na catarse de integração, e que isso constitui o critério de alta na psicoterapia.

Acredito que toda esta teoria faça parte do psicodrama contemporâneo, mas tomei a liberdade de batizá-la com o nome de Análise Psicodramática.

Meus agradecimentos ao doutor Moreno, aos psicodramatistas, ao movimento psicodramático brasileiro e a todos vocês que aqui vieram me ouvir.

1. O desenvolvimento do psiquismo na análise psicodramática

Ao falarmos em Desenvolvimento Psicológico, devemos nos lembrar de que estamos diante de uma hipótese de desenvolvimento. Mesmo os modernos experimentos científicos realizados no campo das neurociências nos oferecem condições apenas relativas para avaliarmos as reações mais profundas do feto e do bebê em seus primeiros anos de vida. Dessa forma, a teoria de desenvolvimento baseia-se no estudo das vivências do adulto e, principalmente, nas vivências do adulto psicologicamente doente.

Em 1994, publiquei pela primeira vez uma teoria de desenvolvimento, com base em meus estudos sobre o núcleo do Eu, do professor Jaime G. Rojas Bermúdez, nas teorias de Jacob Levy Moreno, criador do psicodrama, em observações do doutor José de Souza Fonseca Filho a respeito da Matriz de Identidade, em minhas observações clínicas e com influência de inúmeros outros autores. Batizei esta teoria de Teoria da Programação Cenestésica e, com a sistematização dos procedimentos clínicos daí advindos, surgiu como resultado a Análise Psicodramática.

Desde essa época, tenho acrescentado uma série de novos conceitos e venho reformulando alguns dos já enunciados.

Gostaria de apresentar, neste novo livro, o atual estágio da Teoria da Programação Cenestésica e da Análise Psicodramática.

Na Teoria da Programação Cenestésica, divido o desenvolvimento do psiquismo em dois grandes grupos: o Desenvolvimento Cenestésico (desde a fase intra-uterina até mais ou menos os dois anos de idade) e o Desenvolvimento Psicológico (dos dois anos até o final da adolescência, continuando na vida adulta).

Costumo comparar o desenvolvimento do psiquismo humano com um computador. Imaginemos uma situação: acabamos de comprar um computador. Ao ligarmos esse computador na tomada de eletricidade, todos os botões de comando e todas as luzes informativas nos indicam que o aparelho está ligado. Mas, se tentarmos digitar algo, não será possível. Nesse estágio, esse computador tem apenas um potencial de armazenamento de informação. Para o tornarmos uma máquina operante, precisamos de um *programa*, e esse programa vai orientar o computador a "como registrar e proceder" com as informações a serem recebidas. Só após a instalação desse programa é que poderemos começar a digitar informações e utilizar o computador. Começamos, então, a desenvolver o *banco de dados*.

Agora sim podemos, por exemplo, solicitar uma informação, uma lista dos rios navegáveis e dos navios que eles comportam, visto que foi fornecido ao banco de dados a profundidade do leito dos rios e o calado dos navios em questão. Suponhamos que como resposta surja uma barbaridade do tipo: um transatlântico como o Queen Elizabeth pode navegar no rio Tietê!

Temos duas causas para esse tipo de erro: pode haver uma falha ao digitar a informação, portanto, no banco de dados, ou no programa, em como este processa e cruza as informações.

Na correlação com o desenvolvimento psicológico podemos ter conflitos resultantes de má informação ou má percepção das informações, o que leva a um mau entendimento das mensagens e das vivências dessa pessoa (banco de dados), ou então houve um defeito na programação cenestésica, e todas as mensagens posteriores apresentarão as mesmas alterações. A grande importância disso é que as correções dos conflitos advindos do banco de dados serão realizadas na esfera do desenvolvimento psicológico e as do programa na do desenvolvimento cenestésico.

O Desenvolvimento Cenestésico ocorre desde a fase intra-uterina, principalmente no seu último trimestre, até mais ou menos os dois anos de idade, o que coincide com o surgimento do ego. Esta fase está profundamente relacionada às sensações produzidas pelas vísceras, principalmente as ligadas às funções de respiração, ingestão, defecação e micção. É uma fase em que o psíquico se forma com base nas sensações viscerais e está profundamente apoiado e interligado na vivência somática. A interação acontece entre o bebê e o ambiente que o rodeia.

Na fase intra-uterina, esse ambiente externo é composto pelo líquido amniótico, pela placenta e pela profunda intimidade com o corpo da mãe. Corpo esse que, além do aspecto estritamente somático, ligado a abrigo e nutrição, passa para o feto um clima afetivo interno, por meio dos batimentos cardíacos, da freqüência respiratória e pelas drogas internas responsáveis pelos sentimentos e pelas mudanças de humor dessa pessoa.

Sabemos, por meio de experimentos ligados à freqüência de batimentos cardíacos do feto e do recém-nascido, que eles têm condições de reconhecer a voz da mãe.

No estágio atual da ciência, ainda não temos todas as respostas de como as drogas internas influenciam ou regulam os sentimentos e os estados de humor do ser humano, mas sabemos que esse é o caminho para as respostas. Somos seres bioquímicos e os sentimentos e estados de humor são regulados por drogas químicas sintetizadas pelo nosso organismo.

Na fase extra-uterina, que vai do nascimento até o início da estruturação do ego, por volta dos dois anos e meio de idade, a interação mais importante acontece entre o bebê e seu mundo externo por intermédio de climas afetivos emitidos pelas pessoas que o cercam.

Esses climas afetivos são incorporados pelo bebê e vinculados a uma série de sensações viscerais que estão acontecendo no seu desenvolvimento somático.

Essa interação entre as sensações viscerais do bebê e os climas afetivos incorporados do ambiente externo será responsável pela organização do psiquismo da criança.

Para efeito didático, utilizamos um gráfico idealizado pelo doutor Bermúdez em sua teoria do Núcleo do Eu, que divide o psiquismo em três modelos e em três áreas psicológicas.

O desenvolvimento dos modelos e das áreas psicológicas é uma determinação da espécie, que se insere em seu código genético.

Todo ser humano vem com a determinação de desenvolver uma estrutura psicológica organizada que, didaticamen-

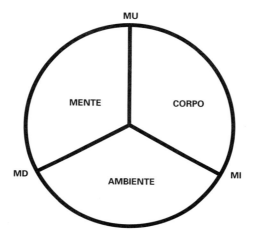

te, consideramos ser formada pelos modelos e pelas áreas do psiquismo.

Todo ser humano tem a determinação básica de organizar seu psiquismo: parte de um Psiquismo Caótico e Indiferenciado (PCI) para chegar a um Psiquismo Organizado e Diferenciado (POD).

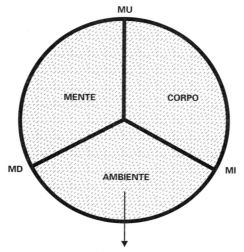

PSIQUISMO CAÓTICO E INDIFERENCIADO - PCI

Esses climas afetivos incorporados interagirão nas vivências do desenvolvimento genético, facilitando ou dificultando essa organização. Esse fenômeno é conhecido como epigênese.

As necessidades do ser em desenvolvimento geram tensões internas que precisam de procedimentos externos para ser devidamente descarregadas. Por exemplo: a fome gera uma tensão interna que requer um procedimento externo de alimentar o bebê para ser devidamente descarregada.

A interação entre as necessidades internas (tensão interna) e os procedimentos externos produzirá a descarga dessa tensão interna e gerará vivências, marcas de memória (marcas mnêmicas), que são gradativamente impressas no psiquismo.

Quanto mais completas forem as descargas tensionais, mais eficiente será interação (ação de climas facilitadores) e mais completa se tornará a organização dessa cota de psiquismo em questão.

Assim, se a descarga tensional foi incompleta, menos eficiente foi a interação (ação de climas inibidores) e mais deficiente foi a organização do psiquismo, o que gera uma sensação de incompletude e de falta que ficará impressa nesse psiquismo, vinculada ao modelo que estava sendo desenvolvido.

Fica um registro de falta onde falta algo que estruturalmente estava previsto para acontecer mas não aconteceu.

Estava previsto, pela própria determinação do desenvolvimento psicológico da espécie, mas não aconteceu devido a uma interação deficiente com o ambiente externo.

Voltaremos a abordar esse aspecto no desenvolvimento dos modelos.

O Desenvolvimento Psicológico ocorre após a estruturação do ego (entre dois anos e meio e três anos de idade) e continua pela vida toda, embora sua grande importância se dê até o final da adolescência. Seu eixo de desenvolvimento é a estruturação do Conceito de Identidade.

O Conceito de Identidade é o conjunto de crenças e verdades que o indivíduo tem a respeito de si mesmo, a respeito daqueles que o cercam, e a respeito de como funciona o mundo em que vive. É a principal referência psicológica que o indivíduo tem em qualquer momento da vida. É o seu "chão psicológico".

A grande importância dessa divisão do desenvolvimento entre a fase cenestésica e a fase psicológica é que essas fases têm importâncias distintas dentro do psiquismo.

Façamos nova analogia com o computador. O computador necessita de um programa e de uma memória para acumular informações que recebe do banco de dados.

O banco de dados é constituído do conjunto de informações que eu necessito inserir no computador para que ele possa me fornecer as informações necessárias. O programa é a informação que foi previamente inserida, de como proceder e cruzar as informações recebidas.

Se o computador me fornece uma informação errada, temos duas opções de busca:

- o erro pode ser uma informação que foi digitada errada. Apesar de o computador cruzar e proceder de forma correta essa informação, a conclusão será errada. Nesse caso, tenho de corrigir o banco de dados;
- o erro pode estar no programa. Apesar de a informação inserida estar correta, o computador está cruzando e procedendo às informações de modo errôneo. Nesse caso, tenho de corrigir o programa e não o banco de dados.

Dentro da Teoria de Programação Cenestésica, entendemos que a Fase de Desenvolvimento Cenestésica é o programa, e que a Fase de Desenvolvimento Psicológico é o banco de dados.

É nessa fase que o psiquismo se organiza, deixa de ser psiquismo caótico e indiferenciado, e passa a ser psiquismo organizado e diferenciado. Esse registro é feito basicamente por sensações que ficam registradas e vinculadas aos modelos psicológicos.

No final da fase de Desenvolvimento Cenestésico, teremos um psiquismo já estruturado, didaticamente dividido em Modelo do Ingeridor, Modelo do Defecador e Modelo do Urinador, e em áreas mente, corpo e ambiente.

Essa estrutura básica será responsável pela forma de interatuar desse indivíduo, ou seja, por suas interações, reações e ações com o mundo externo e consigo próprio.

Por exemplo, um indivíduo que tenha um clima afetivo de abandono registrado e vinculado na estrutura de seus modelos terá sempre a sensação de abandono como "pano de fundo" durante sua vida. Mesmo que ele saiba e constate que não está sendo abandonado (banco de dados) ele sente esse abandono (programação).

Dessa maneira, podemos entender que a fase de Desenvolvimento Cenestésico funciona como uma programação de como esse indivíduo tende a sentir-se na sua vida, determinando o aspecto estrutural de sua personalidade.

A fase de Desenvolvimento Psicológico começa após o advento do ego e dura a vida toda. Será responsável por incorporar e organizar todas as vivências desse indivíduo, principalmente até o final da adolescência. Essas vivências, compostas de ações, sentimentos, pensamentos, percepções, intenções, conceitos adquiridos, conceitos formulados pelo próprio indivíduo e modelos internalizados, constituem-se num grande conjunto de crenças e verdades, o que forma o Conceito de Identidade dessa pessoa. Podemos compará-la ao banco de dados do computador, pois todo esse conjunto foi registrado de acordo com os modelos e nas áreas que foram organizadas durante o desenvolvimento cenestésico. Assim, estão sujeitos às influências dos climas afetivos que estão vinculados a essas estruturas (programação).

Tomemos outro exemplo, o de um indivíduo que freqüentemente se sente rejeitado. Seu problema pode estar relacionado com uma falha em suas avaliações e percepções em relação aos episódios de rejeição ou até mesmo ao seu conceito de rejeição. Neste caso, sua falha relaciona-se ao desenvolvimento psicológico (banco de dados). Ou, então, ele tem um clima afetivo de rejeição profundamente vinculado à formação de seus modelos (fase cenestésica). Dessa forma, mesmo que ele tenha a avaliação e a conceituação corretas dos episódios e perceba que não está sendo rejeitado, ele continua com a sensação de rejeição como pano de fundo. Então, sua falha está localizada na fase cenestésica (programa).

DESENVOLVIMENTO CENESTÉSICO – FASE INTRA-UTERINA

O desenvolvimento cenestésico tem início na fase intrauterina e é baseado na interação entre o feto e sua mãe. Na realidade, acreditamos que a interação com a mãe seja representada pela interação com toda uma gama de componentes biológicos e bioquímicos que passam pela placenta e pelo cordão umbilical (sangue e plasma) e também pelo líquido amniótico. Entendemos isso como o mundo externo ou o ambiente externo do bebê.

Esse mundo externo influenciará e produzirá sensações que ficam registradas no psiquismo do feto. Essas sensações podem ser de acolhimento ou de não acolhimento da mãe em relação ao bebê.

Uma mãe que está ligada ao feto, que deseja esse bebê, que está disponível para essa gravidez, vai, de alguma forma, transmitir pelo líquido amniótico e pela placenta essa disposição afetiva para o feto. Ao passo que uma mãe que rejeita a gravidez, ignora o feto e não deseja o bebê também consegue passar essa sua não aceitação para o feto.

Isso implicará uma vivência de acolhimento ou de não acolhimento, registrada no cenestésico, no psiquismo desse feto e, posteriormente, no psiquismo do bebê.

As vivências intra-uterinas produzirão um tipo específico de registro cenestésico que, posteriormente, será vivido como uma sensação de pertencer ou de não pertencer em relação à vida e ao mundo.

O bebê que foi rejeitado e ignorado em sua fase intrauterina terá uma sensação permanente de não pertencer e se sentirá no mundo como que "de favor" ou se sentirá como um permanente "penetra" na vida. Essas vivências são responsáveis pelo núcleo esquizóide e pelo transtorno da personalidade esquizóide, e acreditamos que constituem a própria etiologia da dinâmica esquizóide.

Tais vivências ficarão registradas no Psiquismo Caótico Indiferenciado (PCI) desse feto, estarão presentes no nascimento e farão parte da base estrutural da identidade dessa criança.

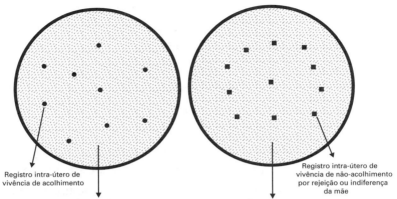

Ainda não existem técnicas para mensurar esses acontecimentos, e nossa dedução é pelo estudo do indivíduo adulto e, principalmente, pelos seus sonhos. Entendemos como esquizóide, na Análise Psicodramática, aquele indivíduo que tem uma sensação básica de não pertencer, e um terror de se sentir exposto e de ser destruído. Dessa forma, ele acaba por se transformar num mestre no disfarce, estruturando uma série de mecanismos de defesa para evitar a exposição e, com isso, evitar a destruição.

Costumo comparar o esquizóide a um indivíduo que está numa festa (vida) para a qual não foi convidado. Na condição de penetra, seu comportamento é o de se tornar o menos visível possível, e assim evitar o grande terror de ser identificado (exposto) e mandado embora (destruído). Dessa forma, ele pode ficar imóvel e tentar se confundir com o cenário (mecanismo de petrificação), pode se movimentar muito lentamente para não chamar a atenção (mecanismo de robotização) ou então fingir que é outra pessoa (esquema de personagens). Este assunto, a respeito do esquizóide, será abordado no capítulo 3.

Podemos, a título de exemplo, imaginar um feto em gestação. A mãe quer esse bebê, tem uma boa relação com sua gravidez e com sua "barriga". Está ligada ao feto, percebe e sente sua presença. Essa mãe está abrindo um espaço afetivo para esse novo ser que está sendo gerado em seu útero. O bebê sente esse útero como um local protetor e acolhedor. A mãe estabelece relação de intensa intimidade física e psíquica com ele. Entendemos que, de alguma forma, ela transmite uma mensagem de que ele é bem-vindo e que existe um espaço afetivo reservado para ele. Uma mensagem que faz que ele se sinta acolhido e que faz parte dela. Ele pertence!

Também podemos imaginar um feto em gestação cuja mãe não quer o bebê, não tem uma boa relação com sua gestação, não aceita essa "barriga". Não está ligada ao feto, ignora e não sente sua presença. Essa mãe não abre um espaço afetivo para ele e muito menos estabelece qualquer tipo de relação intimista com ele. O feto passa a sentir o útero como um local hostil, que pode destruí-lo a qualquer momento. Entendemos que a mãe transmite uma mensagem de que ele não é bem-vindo, de que o bebê não faz parte dela e de que não existe um espaço afetivo reservado para ele. Ele não pertence!

Não sabemos como essas mensagens são incorporadas, mas podemos inferir, com alguma segurança, que devem ser veiculadas pelo líquido amniótico e/ou pela placenta e registradas na vivência cenestésica do feto.

Assim, esse bebê já vai nascer com um registro cenestésico básico de acolhimento ou não acolhimento.

Acreditamos que esse primeiro registro cenestésico constitui-se no princípio da organização do Psiquismo Caótico e Indiferenciado (PCI) em Psiquismo Organizado e Diferenciado (POD).

Na fase do Desenvolvimento Cenestésico, após o nascimento, desenvolvem-se os modelos do ingeridor, do defecador e do urinador, e se delimitarão as áreas mente, corpo e ambiente dentro da estrutura do psiquismo.

O psiquismo do bebê, como o do feto, está basicamente centrado nas sensações viscerais e é denominado Psiquismo Caótico e Indiferenciado (PCI). Sua principal característica é uma sensação basal de existir.

A vivência do PCI é uma sensação basal de existir, uma "vivência oceânica", e podemos experimentá-la em várias situações. As mais comuns são as de acordar de um pesadelo ou após uma anestesia geral. Por exemplo, numa dessas situações, ocorre a seguinte seqüência:

De início, surge uma única impressão, que é justamente a sensação básica de existir. Não há conscientização corporal, espacial, temporal, nem de sentimentos, muito menos de identidade.

A seguir, pode-se ter uma sensação de "algo" e de "peso" além do existir. É sentir o corpo. Aparece como "algo estranho do lado" para se constatar, em seguida, que é o braço, ou o "peso embaixo", que é a própria perna, até a noção total do corpo. Vem então a noção "do fora", do ambiente externo, a noção espacial e, depois, a dos órgãos dos sentidos. Começam-se a ouvir os sons externos, que estavam lá o tempo todo, a sentir os cheiros, a perceber a luminosidade etc. Depois, surgem os sentimentos, de tristeza, de medo, de choro etc. A seguir, vem a consciência temporal, de noite, dia, madrugada. Finalmente, a noção de identidade: "quem eu sou", "foi um sonho", "já fui operado" etc. Esse conjunto de vivências se dá numa fração de segundos, mas revive todo o desenvolvimento, desde a fase cenestésica até a fase psicológica.

A fase cenestésica do desenvolvimento ocorre desde as vivências intra-uterinas até mais ou menos os dois anos de idade, quando termina o desenvolvimento do sistema nervoso central, o que coincide com o controle dos esfíncteres e, no plano psíquico, com a estrutura básica do ego. Nesse período, o PCI é gradativamente transformado em POD, que vai servir de base para a etapa seguinte, a fase de desenvolvimento psicológico.

Esse processo de organização e diferenciação do PCI em POD é uma característica da espécie, isto é, está previsto na escala genética e desenvolve-se com base na interação entre o bebê e o meio ambiente que o cerca. Na fase intra-uterina, o meio externo é constituído pelas sensações da mãe, pelo líquido amniótico e pelas trocas na placenta, e com o útero na vivência do parto. Na fase pós-natal, o ambiente externo é constituído pela incorporação de climas afetivos, emitidos pelos adultos, e também pela interação da própria criança com as pessoas que a cercam. Isso é compatível com o que Moreno chama de Matriz de Identidade.

Para melhor entender essa interação entre o bebê e a mãe, vamos lembrar o conceito de relação diádica, lançado por Spitz. A relação diádica é aquela em que existe uma ligação afetiva direta entre a mãe e o bebê, ou seja, o bebê capta o sentir da mãe, suas angústias, ansiedades, medos, hostilidades etc., e a mãe capta o que seu bebê sente. Ela sabe quando o choro é de fome ou de desconforto, quando ele está bem ou não. Esse canal sensitivo vai permanecer aberto nos dois primeiros anos de vida, não só com a mãe ou com a pessoa que a substitui, mas com todos aqueles que estiveram a seu lado. Ele sente as pessoas. Esse canal, na verdade, permanece aberto a vida toda, e no adulto recebe o nome de intuição. Só que, na nossa educação, ele passa a ser menos valorizado, pois ela privilegia o aprendido e não o intuído.

Dessa forma, a grande interação da criança, até os dois anos de idade, vai se dar principalmente pela sua capacidade de captar os climas afetivos das pessoas, dos ambientes e das situações que a cercam.

Os climas afetivos são incorporados à criança e se transformam em clima afetivo internalizado, vinculado aos Modelos Psicológicos. Dizemos que são climas afetivos facilitadores, quando auxiliam a organização do PCI em POD e, portanto, ajudam na formação dos modelos. Os climas facilitadores são os de aceitação, proteção e continência.

São climas afetivos inibidores quando dificultam a organização do PCI em POD e impedem a formação adequada dos modelos. Os climas inibidores mais comuns são: *abandono, indiferença, rejeição, hostilidade, ansiedade, medo, sofrimento* etc.

Perto de dois a dois anos e meio de idade, termina a fase de desenvolvimento cenestésico, com a formação de três modelos (ingeridor, defecador e urinador) e de três áreas (corpo, mente e ambiente).

Essa configuração é a ideal, como se todo o PCI fosse transformado em POD. Na realidade, à medida que existe a ação de climas inibidores, nem todo PCI se torna POD.

As partes não diferenciadas resultam em "bolsões" de PCI que convivem com POD. Chamo esses bolsões de Zonas de Psiquismo Caótico e Indiferenciado ou simplesmente Zonas de PCI.

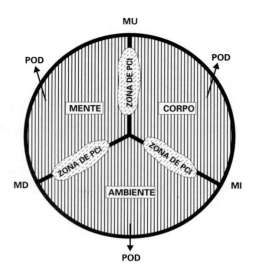

Modelo do ingeridor

É formado desde o nascimento até os três meses de idade e está relacionado com os mecanismos de incorporação, satisfação ou insatisfação dos conteúdos do meio externo para o meio interno.

Esse bebê, até então, era alimentado pela via arterial e venosa, pelo cordão umbilical. Ao nascimento, ele começa a ser alimentado normalmente e, com isso, passa a ter uma série de sensações viscerais com as quais até então não tinha nenhum contato.

Como já foi dito em minhas outras publicações, há uma predominância do sistema nervoso interoceptivo sobre o exteroceptivo e proprioceptivo. Em outras palavras, grande parte do contato do bebê, nesses três primeiros meses, é com suas sensações viscerais e não com o mundo que o cerca.

Ele tem uma sensação basal de existir fornecida principalmente pelas sensações viscerais, ou melhor, cenestésicas.

Podemos dizer que, desde a fase intra-uterina até o nascimento, o bebê vive basicamente num universo cenestésico. Seu contato com o mundo externo se constitui na relação intimista com a mãe, dentro do útero. Ao nascer, essas sensações cenestésicas são bastante aumentadas, desembocando no primeiro contato entre o pulmão e o ar do ambiente. Sai do ambiente aquático para o ambiente terrestre e aéreo, onde precisa se apoiar e respirar.

Nesses primeiros meses, o bebê vive num binômio de quietude/inquietude. Passa a maior parte do seu tempo dormindo e só está bem acordado na hora da mamada. Entendemos que, enquanto dorme, ele esteja profundamente em contato com seu mundo cenestésico. Seu contato com o mundo externo depende da maturação funcional dos sistemas nervoso exteroceptivo e proprioceptivo, que ainda estão pouco operantes. Seus sentidos, audição, olfato, visão, tato, paladar, e sua coordenação motora são pouco operantes.

O grande contato com o mundo externo se dá pela respiração e, com as pessoas, pelos climas afetivos incorporados durante a alimentação.

A sensação da entrada e saída de ar dos pulmões fica ligada com a primeira sensação interativa entre o bebê e o mundo externo.

É no momento da mamada que ele está ativo, com os olhos bem abertos e freqüentemente agitados. Ele está todo ligado ao mundo interno, pela sensação de fome, que gera uma tensão interna que precisa ser descarregada. E, ligado ao mundo externo, na expectativa de que ocorra algo que descarregue essa tensão interna.

Em termos de tensão (tono) interna podemos dizer que, dormindo, ele se encontra num tono basal e, à medida que o impulso da fome começa a se manifestar, sua tensão basal aumenta gradativamente, passando-o da fase de acalmia e quietude para uma fase de agitação e inquietude, que só se modificará quando receber o leite, e somente o leite.

Nesse primeiro mês, ele só reconhece o alimento depois de ingeri-lo, o que nos sugere que esse reconhecimento é visceral, pelo estômago. Depois desse tempo, ele já se acalma quando coloca a boca no mamilo materno ou no bico da mamadeira, sugerindo que o reconhecimento já ocorre na mucosa bucal.

Após o reconhecimento do leite, o bebê se acalma de modo instantâneo e, ao fim da mamada, já se encontra em fase de acalmia e, muitas vezes, até dormindo. A defecação e a micção ocorrem pelo reflexo gastrocólico, com nenhuma interferência de controle por parte dele.

Podemos dizer que, nos três primeiros meses de vida, o bebê vive num binômio satisfação-insatisfação ligado à incorporação de conteúdos externos para o meio interno.

Com o leite, o bebê também incorpora climas afetivos emanados da mãe ou de quem o está amamentando. Esses climas serão absorvidos e incorporados a cada mamada e farão parte de um clima afetivo internalizado ligado ao mecanismo de incorporação e de satisfação-insatisfação.

O clima afetivo facilitador auxilia a descarga tensional de modo que o bebê, após a vivência da mamada, volta para a sensação de acalmia e satisfação. Mas foi incorporado ao seu psiquismo um clima afetivo emanado da mãe ou de sua substituta, a sensação de saciedade-satisfação. Assim, uma cota de psiquismo, do modelo do ingeridor, foi organizada.

O clima afetivo inibidor dificulta a descarga tensional e, após a mamada, o bebê não consegue relaxar e voltar ao estado de acalmia. Ele permanece tenso, chora e se agita. Muitas vezes, a mãe acha que ele ainda está com fome e insiste em dar-lhe mais leite, o que em geral vem a aumentar o desconforto do bebê, podendo até fazê-lo vomitar. A mamada se torna uma vivência tensa e não relaxada. O que acaba incorporado no psiquismo desse bebê é o clima inibidor emitido pela mãe ou pela substituta, uma sensação de insatisfação, e a cota de psiquismo do modelo do ingeridor não é organizada da forma esperada.

É claro que isso pode acontecer apenas em algumas mamadas, mas, se for uma ocorrência constante, a organização do modelo do ingeridor se torna comprometida, ficando um registro de insatisfação, de falta e do clima inibidor vinculado ao receber e ao incorporar.

Aos três meses termina a formação do modelo do ingeridor e esse registro cenestésico vai definir a forma com que esse indivíduo vai se sentir e se relacionar com os mecanismos de incorporação e satisfação dos conteúdos externos para o meio interno.

Perto do terceiro mês de vida, o bebê passa a dar os primeiros sinais de que reconhece, claramente, a figura humana. É o signo/sinal ou signo sorriso descrito por Spitz como primeiro organizador do desenvolvimento psicológico.

Bermúdez interpreta esse momento como de reconhecimento do limite oral e sinaliza o término da estruturação do Modelo do Ingeridor, isto é, toda uma cota de psiquismo caótico e indiferenciado foi organizada, diferenciada e vinculada aos processos de incorporação e satisfação dos conteúdos externos para o meio interno.

Começa a aparecer a aura de ingeridor, que Bermúdez chama de si mesmo psicológico sincrético. A aura de ingeridor é um brilho na pele que atrai, provoca uma vontade forte de tocar, de apalpar e até mesmo de morder o bebê.

É um sinal de que a função de incorporar psicológico está sendo desvinculada do incorporar fisiológico. O bebê passa a incorporar os climas afetivos das pessoas que o rodeiam independentemente da mamada. Ele passa a ser um foco de atração constante, incorporando os climas afetivos de acordo com a estruturação do Modelo do Ingeridor.

Nessa fase do desenvolvimento, vamos encontrar o psiquismo organizado em:

- Papel somático do ingeridor: é o ato e a função de comer fisiológico.
- Papel psicossomático do ingeridor: é o comer fisiológico em substituição ao comer psicológico. Por exemplo, uma pessoa com dificuldades nos processos de incorporação de afetos, aprendizados e ganhos do mundo externo, pode compensar essa dificuldade comendo muito, além de sua fome real. Ela supre a necessidade do comer psicológico (Modelo do Ingeridor) pelo comer fisiológico, utilizando assim o Papel Psicossomático do Ingeridor.
- Modelo do Ingeridor: é o comer psicológico. É a capacidade de incorporar afetos, aprendizado e ganhos do mundo externo para o mundo interno. Está ligado ao papel somático por meio do papel psicossomático, pois foi estruturado com base nas sensações somáticas.

O núcleo do Eu, nessa fase, fica configurado da seguinte forma:

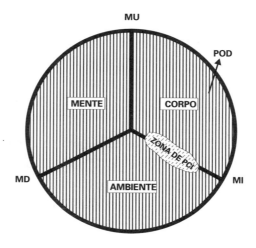

Modelo do Defecador

É estruturado entre o terceiro e o oitavo mês de vida do bebê e é responsável pelo mecanismo de criar, elaborar, expressar e comunicar os conteúdos do mundo interno para o meio externo.

Com a maturação do sistema nervoso central, o intestino grosso passa a absorver mais água e, em conseqüência, as fezes, que eram líquidas e pastosas, ganham uma consistência mais sólida e tridimensional. Esse fato desencadeia uma série de sensações viscerais até então desconhecidas pelo bebê.

Recordemos a fisiologia da defecação. Uma vez no estômago, a comida é digerida, e grande parte é absorvida pelo próprio estômago e duodeno. Uma porção muito pequena é absorvida pelo intestino delgado (jejuno e íleo), e os resíduos em forma líquida desembocam no intestino grosso, onde a água é reabsorvida e as fezes passam para o estado pastoso e, finalmente, sólido, para então serem eliminadas.

Essa passagem, de fezes líquidas para sólidas, produz, dentro da alça, uma sensação de "surgimento".

Lembremos que a alça intestinal se apresenta normalmente colabada, sendo assim um continente virtual que só vai se tornar um continente real na presença de um conteúdo tridimensional.

As fezes mais sólidas provocam uma intensificação nos movimentos peristálticos da alça. É mais fácil empurrar líquido do que sólido. Esse aumento provoca uma nova sensação, que é a de "oposição", resultante da ação/reação da parede da alça com o bolo fecal. Esse movimento empurra o bolo fecal através da alça até o reto, parando ao encontro da tonicidade do esfíncter anal.

O esfíncter anal é constituído de um esfíncter liso, composto de musculatura lisa e com pouco controle da vontade, e do esfíncter estriado, constituído de musculatura estriada e sob controle da vontade.

O esfíncter anal liso vai se desenvolver dentro do Modelo do Defecador, e o esfíncter anal estriado vai se desenvolver juntamente com o esfíncter vesical (bexiga urinária), fazendo parte do Modelo do Urinador.

Para vencer a tonicidade do esfíncter anal liso e expulsar as fezes para o meio externo, é necessário um esforço do diafragma (prensa abdominal), com elevação do períneo e contração dos músculos elevadores do ânus.

O esforço da musculatura estriada (motora) provoca uma nova sensação, que é a de uma "descarga motora".

Essa pressão expulsa as fezes pelo ânus, produzindo um esvaziamento e uma sensação de "perda/depositação".

As descargas tensionais vêm a partir de uma tensão basal, que é o próprio clima afetivo internalizado do bebê. Essa tensão aumenta gradativamente durante todo o processo da defecação, desde o surgimento até a eliminação do bolo fecal. Essa descarga tensional produzirá um novo registro psíquico, uma nova marca mnêmica. Esses registros organizarão mais uma cota de PCI, que, transformado em POD, dará origem ao Modelo do Defecador.

Com a defecação, essa seqüência de novas sensações vividas pelo bebê sofrerá influência de climas afetivos facilitadores e de climas afetivos inibidores.

Diferentemente do Modelo do Ingeridor, no qual o clima afetivo vinha diretamente da mãe ou da substituta durante a mamada, no Modelo do Defecador o clima afetivo é incorporado o tempo todo, graças à aura do ingeridor.

Os climas afetivos (bons ou ruins) da casa e das pessoas que rodeiam o bebê são aos poucos incorporados, registrados e se tornam um clima afetivo interno do bebê que, por sua vez, ficará fixado ao Modelo do Defecador. Se esse clima afetivo interno for um facilitador, ele ajudará a descarregar a tensão, produzindo uma boa marca mnêmica e, assim, uma boa transformação do PCI em POD. Se for um clima afetivo inibidor, prejudicará a descarga tensional e, portanto, a correta transformação de PCI em POD.

Essas sensações cenestésicas terão seus correspondentes psicológicos no Modelo do Defecador:

- Surgimento – criação.
- Oposição – elaboração.
- Descarga motora – expressão.
- Perda/depositação – comunicação.

Vamos exemplificar: Maria é uma estudante que acabou de sair da escola e está indo para casa. Ela não está pensando em nada, mas, de repente, tem uma idéia nova a respeito do que acabara de aprender: ela criou!

Ela poderia, em vez de ter tido uma idéia, ter pensado em determinado tom musical ou conscientizar algum sentimento em relação a uma colega ou, ainda, uma percepção de entender algo que ela não tinha captado até então: ela criou!

Em seguida, Maria começa a debater, consigo mesma, essa idéia, jogando uma idéia contra outra e fazendo uma seqüência de idéias: ela está elaborando!

Poderia fazer o mesmo com o tom de música, jogando um lá maior contra um dó menor e assim por diante, formando uma seqüência de sons. Assim como com os sentimentos ou com as percepções: ela está elaborando!

Na aula seguinte, Maria vai contar sobre sua idéia e sua elaboração. Para isso, ela vai ter de mobilizar uma série de músculos da glote e da laringe, ou vai tocar os sons que até então estavam só no seu pensamento e, para isso, vai mobilizar as musculaturas compatíveis para tocar seu instrumento. Ou vai mostrar para sua colega sentimentos que até então só ela sabia e, para isso, vai mobilizar grupos musculares para exprimi-los: ela está expressando!

O final desse processo é que Maria passa para fora dela algo que até então estava apenas dentro dela: ela está comunicando!

Mesmo que Maria expresse sua idéia em voz alta, num monólogo, ou toque sua música só para seus ouvidos ou expresse seus sentimentos ante o espelho, por uma fração de tempo, até a recuperação pelo som ou pela visão, ela os perdeu! Não são mais só seus, pois foram comunicados para fora dela.

É isso o que ocorre com os bebês. Aos oito meses, o bebê, que até então era dócil e cordial quando a mãe lhe tirava a colher da boca, ou lhe dava uma papinha de espinafre ou ia para o colo daquela prima chata, passa a demonstrar toda sua indignação e irritação. Ou, então, quando alguém se afasta, agora ele reage e chora. É o que Spitz chama de angústia do oitavo mês e denomina 2º organizador.

Nós o entendemos como término do Modelo do Defecador, e esse bebê passa a criar, elaborar, expressar e comunicar seus sentimentos e, posteriormente, seus pensamentos e percepções.

Nessa fase surge a aura do defecador, que sinaliza a desvinculação entre o papel somático e o modelo psicológico do defecador. O bebê passa a ter condições de criar, elaborar, expressar e comunicar seus conteúdos internos, independentemente da defecação.

Dessa maneira, temos:

- Papel somático do defecador: é o ato e a função de defecar.
- Papel psicossomático do defecador: é a utilização do papel somático com função psicológica. O indivíduo, em

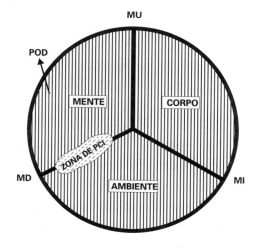

vez de criar, elaborar, expressar e comunicar seus pensamentos, sentimentos, percepções e intenções, tem diarréias, cólicas intestinais, acúmulo de gases, modificações do ritmo intestinal etc.; que podem levar a doenças como colites, retocolites etc.
- Modelo do Defecador – são as funções psicológicas desenvolvidas com base na defecação. É criar, que significa ter a idéia, ter o *insight* de pensamentos, sentimentos, intenções e percepções. É elaborar, que significa o trabalho intelectual para lapidar a criação. É expressar, que é a capacidade de, com auxílio da musculatura corporal, pôr para fora o resultado da criação e da elaboração. É comunicar, que é o resultado final da expressão.

FORMAÇÃO DA ÁREA AMBIENTE

Coincidente e concomitantemente à formação do Modelo do Urinador, desenvolve-se a área delimitada entre o Modelo do Ingeridor e o Modelo do Defecador.

Bermúdez denominou-a Área Ambiente, e ela é responsável pelos mecanismos de percepção interna do ambiente externo.

Como podemos notar na figura acima, o Modelo do Ingeridor não tem ligação com o Modelo do Defecador. Essa ligação deveria se dar pelas sensações cenestésicas, mas, devido à pouca inervação do intestino delgado, ela não é feita no mundo interno mas, sim, pela experimentação interativa com o mundo externo.

Lembremo-nos de que as sensações viscerais vinculadas à formação do Modelo do Ingeridor são geradas no estômago, na boca, nos lábios, na orofaringe e no esôfago. As sensações

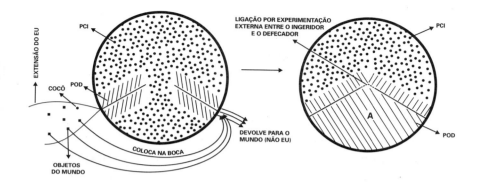

viscerais envolvidas com o Modelo do Defecador são geradas nas alças do intestino grosso, reto e ânus.

A ligação entre estômago e intestino grosso é feita pelo intestino delgado (jejuno e íleo). Como há pouca inervação no intestino delgado, ele não gera descargas tensionais significativas para estabelecer marcas mnêmicas. Portanto, não existe uma correlação cenestésica entre o alimento, que entra, e os resíduos, que são eliminados. No plano psicológico, isso passa a significar uma não-correlação entre os conteúdos incorporados e aqueles depositados, que foram criados, elaborados, expressos e comunicados. É como se uma coisa nada tivesse que ver com a outra.

Essa desvinculação acaba gerando uma sensação de onipotência, de "eu me basto" e de soberba no indivíduo.

Por exemplo, ao comermos uma feijoada, conseguimos senti-la até sua chegada ao estômago. Depois, perdemos o contato, em nível de sensações, e só vamos restabelecê-lo quando os resíduos tiverem se transformado em bolo fecal, no intestino grosso. No equivalente psicológico, vamos ter um indivíduo que incorpora (come) uma série de ensinamentos. Perde contato com aquilo que incorporou e, de repente, cria, elabora, expressa e comunica algo relacionado com o que aprendeu, mas não consegue relacionar que sua criação está vinculada à sua incorporação. Ele fica com a sensação de que sua criação vem de si mesmo. Dessa forma, ele não tem a humildade de reconhecer que o que ele criou teve como substrato aquilo que ele aprendeu.

Essa ligação entre o que entra (incorporação) e o que sai (expressão e comunicação) é feita pela experimentação externa e interativa entre a criança e o mundo externo entre os oito meses e um ano de idade.

Essa experimentação, na criança, que já está engatinhando ou até mesmo andando, consiste em colocar na boca todos os objetos que consegue pegar.

Entendemos que ela está com dois focos de tensão, o primeiro ligado ao final do processo de defecador, e o segundo ao início do processo de dentição. Dessa forma, a atenção da criança está localizada para fora, para os conteúdos que foram depositados no ambiente externo (cocô) e para dentro (boca e dentes). Ela coloca os objetos na boca, mas não os engole, ela experimenta-os e depois os joga fora.

Podemos deduzir que o processo experimental seja o seguinte:

Ao defecar algo sólido e tridimensional, que tem forma, no ambiente externo ela continua a sentir esse objeto como seu, pois ele veio de dentro dela. É como se fosse uma extensão do seu Eu.

Esse objeto (bolo fecal) passa a ser identificado com todos os objetos sólidos e tridimensionais que a cercam. Assim, o mundo ao seu redor se transforma em algo seu, ou melhor, uma extensão do seu Eu. Essa identificação faz que a criança tenha uma sensação de posse em relação ao mundo. Isso traz uma sensação de onipotência, além de uma sensação de intimidade com o mundo ao seu redor.

Ao colocar os objetos na boca, chupá-los e devolvê-los, ela percebe que eles não fazem parte do seu Eu. Eles são, na verdade, um *não-Eu*. A criança passa, então, a reconhecer o que está fora. Primeiro, ela tem a noção do não-Eu, e depois a noção do Eu.

Ao ter a sensação de perda/depositação, a criança entra em contato com o limite anal.

Ao fazer a experimentação e identificar o não-Eu, ela passa a ter uma percepção do mundo externo. Dizemos, então, que ela perde a onipotência pela boca e começa a sentir toda a sua pequenez diante do mundo. Isso desencadeia sensações de medo que antes não existiam: começa a ter medo de lugares muito amplos (praia, praças etc.), de ruídos (aspirador de pó, caminhão de lixo etc.), bichos (cachorro, gato, sapo etc.) e muitos outros. O denominador comum desses medos é a primeira noção que a criança tem de seu tamanho e sua fragilidade em relação ao mundo.

A ligação entre o Modelo do Ingeridor e o Modelo do Defecador faz que ela comece a relacionar que o que sai tem algo a ver com o que entra. Isso, mais tarde, vai gerar o sentimento de humildade, no sentido de reconhecer o próprio tamanho e o próprio valor no mundo.

A má resolução dessa fase vai dificultar a elaboração do Núcleo Narcísico, o que impede que essa pessoa possa se ver e se avaliar conforme é vista e avaliada pelos outros. Ela exagera o seu próprio tamanho e seu próprio valor no mundo, e o sentimento predominante é o de soberba. Isto é: eu me basto, eu não dependo do mundo que me cerca.

Modelo do Urinador

Ao mesmo tempo que é formada a Área Ambiente, tem início a formação do Modelo do Urinador, que vai dos oito meses até os dois anos de idade.

O Modelo do Urinador será o responsável pelos mecanismos de planejamento, controle, decisão e execução de ações no ambiente externo que gratifiquem desejos e necessidades internas.

Ele separa e delimita as áreas mente e corpo, conforme a figura abaixo:

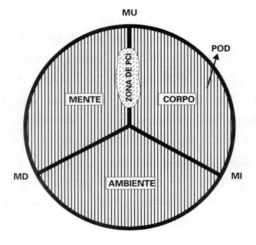

Com o amadurecimento do SNC, começa a haver maior tonicidade nos esfíncteres de musculatura estriada (sob controle da vontade), o que desencadeia sensações ainda desconhecidas da criança. Isso vai gerar um novo foco de tensão interna, e o principal é o aparelho urinário: bexiga, esfíncter vesical e uretra.

Simultaneamente ao esfíncter vesical vão se desenvolver o esfíncter estriado anal e também o anel muscular da laringe, que, embora não seja um esfíncter na acepção da palavra, funcionará como tal no controle da movimentação das cordas vocais para emitir os sons e modular a voz.

Todo controle ligado à micção, ao aspecto voluntário da defecação e da voz vai se desenvolver dentro do Modelo do Urinador.

Recordemos um pouco a fisiologia da micção:

A bexiga urinária, formada pelo músculo detrussor, é um espaço virtual, tal qual um balão de festa infantil murcho. Ela se transforma em um continente real à medida que se enche de urina.

Até essa fase, qualquer pequeno acúmulo de urina acabava sendo prontamente eliminado pela ação do músculo detrussor (bastante elástico) e pela pouca tonicidade do esfíncter.

Com o aumento de tonicidade, a urina é retida em maior volume, enchendo a bexiga e distendendo a sua parede, produzindo assim uma tensão lenta e progressiva confrontada com um obstáculo, que é o esfíncter contraído.

Diferentemente do esfíncter liso, que se abre com determinada pressão, o estriado necessita que a criança volte a atenção para dentro e si mesma e autorize, de forma consciente, sua abertura.

A seguir, a urina sai pela uretra, o que causa uma descarga motora rápida e prazerosa.

Lembremos que a descarga tensional ligada ao Modelo do Ingeridor é uma sensação de satisfação; ligada ao Modelo do Defecador, é de alívio, e ao do Urinador, é de prazer.

A saída do jato urinário não é um fluxo contínuo, mas intermitente. A parede mucosa da uretra se contrai com grande freqüência, expulsando pequenas quantidades de urina de forma tão rápida que, para o observador externo, o jato urinário parece contínuo. É esse movimento de contração que produz a sensação de prazer, tanto na micção como posteriormente no processo de ejaculação e de orgasmo.

Na ejaculação, os desencadeantes do prazer masculino são as contrações da parede da uretra, e, no orgasmo feminino, as contrações da parede da vagina.

Dessa forma, temos uma nova seqüência de sensações cenestésicas:

Tensão lenta e progressiva – Controle – Autorização – Descarga motora rápida e prazerosa.

Essa seqüência vai produzir uma nova marca mnêmica, um novo registro, que organizará mais uma cota de PCI em POD, estabelecendo o Modelo do Urinador, separando as áreas mente e corpo e finalizando a estrutura básica do núcleo do Eu.

Um dos processos mais importantes dentro de Modelo do Urinador é o controle dos esfíncteres.

Imaginemos, para efeito de exemplificação didática, uma criança de um ano e meio de idade. Ela se encontra com toda sua atenção voltada para fora, explorando e experimentando seu contato com o mundo. Moreno chama essa fase de Fome de Atos. É difícil fazê-la dormir, ela luta contra o sono, não quer "voltar-se para dentro", não quer tirar sua atenção do mundo que a rodeia.

À medida que a bexiga urinária começa a se encher, surge um novo foco de tensão interior. O xixi não consegue sair como antes, pois, com a tonicidade mais alta do esfíncter, ele já não se abre de forma espontânea; necessita de uma autorização consciente para essa abertura e, para tanto, é preciso voltar-se para dentro.

A criança se encontra num verdadeiro impasse. Quer permanecer com a atenção voltada para fora, pois o mundo ao redor é uma descoberta recente e muito interessante, e, ao mesmo tempo, precisa voltar a atenção para dentro para autorizar a abertura do esfíncter.

Na tentativa de postergar o "voltar-se para dentro", ela contrai cada vez mais o esfíncter, retém mais urina e submete a abertura do esfíncter à sua vontade. Assim começa a controlar o esfíncter.

Esse controle acontece de forma concomitante com o esfíncter estriado anal e com o anel muscular da laringe. É comum a criança confundir cocô com xixi nessa fase. Em relação à laringe, ela fica experimentando e treinando os novos sons até conseguir o controle sobre as suas cordas vocais.

Não se deve confundir – como muitas escolas infantis fazem ao orientar as mães – o controle de esfíncteres com o "tirar a fralda".

O controle de esfíncteres é uma parte do desenvolvimento da criança e ocorre na experiência dela consigo mesma. Independe das atitudes e dos procedimentos do adulto e acontece com ou sem a fralda. O adulto pode, isso sim, criar ansiedade desnecessária ao tentar se intrometer ou tentar apressar essa fase.

O "tirar a fralda" e o aprendizado de "onde fazer xixi e cocô" são medidas de asseio e de convenções culturais e, portanto, devem ser aprendidas. "Quando fazer xixi ou cocô" é uma experiência da própria criança e relaciona-se com o controle dos esfíncteres.

Como aconteceu com os outros modelos, também existirá um correspondente psicológico desenvolvido baseado nas sensações cenestésicas do Modelo do Urinador.

Vejamos um exemplo no adulto:

Maria está muito envolvida lendo um livro de mistério e, de repente, começa a sentir vontade de fazer xixi. Neste caso, ela tem de desfocar a atenção do livro para ir ao banheiro fazer xixi. Está formado o impasse: ela não quer tirar atenção do livro, que está muito interessante, e precisa fazer xixi, pois a tensão começa a incomodá-la.

Então, ela contrai mais o seu esfíncter para retardar a micção e poder prosseguir um pouco mais com a leitura. Vai fazendo isso até que, independentemente de sua vontade, começam a acontecer duas situações:

Primeira: sua atenção começa a se desviar do livro e surgem imagens ou pensamentos desconexos em sua mente. Ela tem de reler o texto por não conseguir se concentrar na leitura. É como se a tensão da bexiga estivesse "chamando" sua atenção. Chamamos isso de atenção flutuante, e é um fenômeno mental.

Segunda: ela começa a realizar movimentos involuntários, contorcendo-se na cadeira, cruzando e descruzando as pernas, mudando constantemente de posição. É como se o corpo estivesse pedindo algum tipo de ação. É um fenômeno de ação corporal.

Ela já não presta atenção no livro nem fica parada. Numa tentativa de continuar lendo, pensa em ir fazer xixi sem deixar de ler o livro, mas, mesmo sentada no vaso, ela não consegue fazer xixi e ler o livro ao mesmo tempo!

Por alguns segundos ela precisa desfocar a atenção do livro e voltar-se para dentro de si mesma para autorizar a abertura do esfíncter. Após esse momento, Maria pode até voltar a ler o livro, embora sua atenção esteja dividida entre o livro e a sensação prazerosa de fazer xixi.

Assim, podemos fazer uma ligação entre a sensação cenestésica de tensão lenta e progressiva do estiramento da parede da bexiga urinária com um processo mental que, posteriormente, ficará ligado aos processos de fantasia, devaneio e planejamento.

A fantasia é a imagem seguida de sensações que representa o desejo ou a necessidade. Tanto o desejo como a necessidade produzem uma tensão intranúcleo que precisa ser descarregada. Por exemplo, minha vontade de fazer uma viagem pela Europa aparece como imagens e sensações em minha mente.

O devaneio é como se fosse um filme ou sonho acordado dessa viagem, sem a base da realidade, em que os desejos, os medos e a necessidade vão sendo cada vez mais explicitados.

O planejamento é a redução da fantasia e do devaneio às bases reais. No planejamento, as possibilidades reais são levadas em conta ou então a fantasia é substituída por algo correlato. Por exemplo, não posso viajar para a Europa, mas posso ir para outro local mais acessível.

Dessa forma, o controle do esfíncter fica ligado ao poder de controlar o momento de satisfazer a vontade ou a necessidade que estão tensionando o mundo interno.

A autorização para a abertura do esfíncter está relacionada com processo de decisão. É o momento em que sai do planejamento e tem início o processo de execução.

A execução fica ligada ao estar em ação para satisfazer a vontade ou a necessidade. É sempre uma sensação prazerosa, mesmo que a necessidade seja uma atividade desagradável, pois o prazer está ligado à saída do impasse e da descarga tensional. (Veja o diagrama na próxima página.)

Por exemplo: Maria está em aula no curso de psicodrama e no intervalo sente uma enorme vontade de tomar um sorvete. Ela tem claramente a imagem do sorvete de chocolate que quer tomar (fantasia). Ela sabe que não é possível tomá-

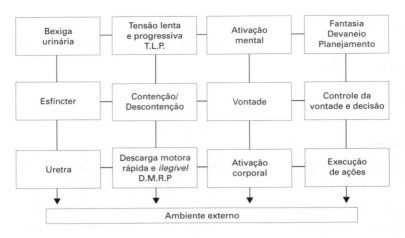

lo antes do término da aula. Ela contém a vontade (esfíncter/controle) e pensa que, depois de terminada a aula, vai desviar o trajeto de casa, passar na sorveteria e tomar seu sorvete (planejamento). Depois da aula, despede-se dos colegas e, indo para o carro, pensa: "agora vou tomar meu sorvete" (decisão). Desse momento em diante, até tomar o sorvete, Maria já está no processo de execução.

Assim como nos outros modelos, neste vamos ter climas inibidores e facilitadores. No Modelo do Urinador, tal qual no do Defecador, é o clima internalizado que será fixado ao modelo.

Lembremos que, nessa faixa etária da criança, o ambiente externo está bastante ampliado, incluindo o convívio social, a escola infantil. Até mesmo a interação com as pessoas é muito maior. Já existem posturas de contenção, repressão e a noção de limites.

Além dos climas afetivos, há um conteúdo de aprendizagem.

A base da aprendizagem é a imitação, e a criança começa a imitar as pessoas que a rodeiam (pai, mãe, avós, empregada, professora, irmãos, filmes infantis etc.). Ela imita posturas, sotaques, expressões, palavras, atitudes, jeito de ser etc., e acaba por incorporar o jeito de ser dessa família.

Determinadas famílias têm fortes características de repressão, depressão, desânimo, crítica, exigência, euforia, medo, agressividade etc. Essas posturas e atitudes vão sendo incorporadas, como se fossem climas afetivos, e ficam fixadas no modelo e passam a fazer parte da estrutura básica do psiquismo dessa criança.

Tudo aquilo que foi incorporado antes do advento do Ego (em torno de dois anos, dois anos e meio de idade) é fixado na estrutura psicológica básica do indivíduo e vai fazer parte do seu caráter.

O Ego funciona como um "porteiro vigia" em relação às incorporações do mundo externo para o mundo interno. Muitas vezes ele não consegue evitar ocorrências de vivências traumáticas, mas registra que essas vivências foram incorporadas, o que possibilita, assim, que elas, posteriormente, possam ser resgatadas pela memória evocativa.

As incorporações feitas antes do advento do Ego fazem parte da estrutura básica da personalidade, não têm registro na memória evocativa, ficam registradas e só são resgatadas pelas sensações.

Famílias com comportamentos e posturas muito intensos têm a tendência de imprimir tais comportamentos na criança, desde essa época. Chamamos essa incorporação de figuras internalizadas em bloco.

Por exemplo, uma família que tenha tendências muito fortes de cobrança pode gerar uma figura internalizada em bloco de cobrança. Isso vai aparecer como um cobrador interno. Esse indivíduo fica sempre "se cobrando" por tudo que faz, independentemente de a cobrança ser ou não pertinente.

A figura internalizada em bloco não é um modelo copiado de alguém da família, mas sim da postura geral da família.

Para diferenciar de traços dos modelos que são internalizados, costumamos nomear a figura internalizada em bloco, de acordo com sua característica. Dizemos que o cliente tem um cobrador interno ou um brochador interno, ou um patrão interno, um envenenador interno etc. Abordaremos este assunto, em detalhe, no capítulo 7 (*borderline*).

O final do Modelo do Urinador é a integração das áreas mente, corpo e ambiente. Termina a fase do desenvolvimento cenestésico, tem início a estruturação do Ego e começa a fase do desenvolvimento psicológico.

A partir dessa época, não existem mais novas sensações cenestésicas: o mundo interno cenestésico vira um "tédio". As vísceras se comportam sempre da mesma forma e toda a atenção passa a ser deslocada para o mundo externo e para a interação com as pessoas.

O mundo interno só vai apresentar novas sensações na puberdade, que é a fase de atração sexual, tesão, resultante da ação dos hormônios sexuais. Isso ficará registrado dentro da identidade sexual.

A finalização do núcleo do Eu, em três modelos e três áreas, também marca a passagem do conhecimento intuitivo para o conhecimento cognitivo.

À medida que temos uma delimitação das áreas dentro do núcleo, podemos identificar claramente o que são o sentir, o pensar e o perceber. Antes da delimitação das áreas, o conhecimento se dá pela intuição.

A intuição é um tipo de conhecimento em que o pensar, o perceber e o sentir estão mesclados, integrados e não delimitados. É um pacote no qual existe algo de pensar, de sentir e de perceber, mas o indivíduo não consegue definir claramente onde começa um e termina o outro.

Por exemplo: "Desde a primeira vez que vi esse rapaz, eu intuí que ele não era uma pessoa confiável". Nessa frase, podemos identificar que houve um sentimento, uma percepção e um pensamento, embora não possamos identificá-los de forma clara.

Podemos dizer que o pensar, o perceber e o sentir estão compactados na intuição.

Na verdade, somos seres intuitivos, e a capacidade de discriminação desses três componentes da intuição apenas amplia nosso poder intelectual.

A intuição continua a existir durante toda a vida e, dependendo do tipo de educação, ela pode ser mais ou menos valorizada. Na educação ocidental, ela é pouco valorizada, ao passo que, na educação oriental, ela é bem mais valorizada.

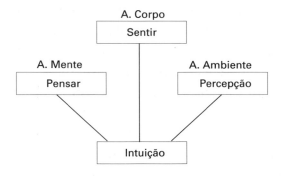

Desdobramento da intuição em: pensar/sentir/perceber

Patologia da fase cenestésica

A ocorrência constante de climas afetivos inibidores prejudicará as descargas tensionais e, com isso, dificultará a organização do psiquismo caótico e indiferenciado (PCI) em psiquismo organizado e diferenciado (POD).

Como já foi dito, existe uma expectativa inata, característica da espécie, de que o psiquismo vá se desenvolver de determinada forma.

A não ocorrência disso gera uma sensação de falta e uma expectativa ansiosa nesse indivíduo.

É uma sensação de falta estrutural, de algo que deveria ter ocorrido e que não ocorreu e uma expectativa ansiosa de que a qualquer momento possa ocorrer.

Costumo comparar o desenvolvimento dos modelos com uma estrada virtual pré-delimitada, que se torna real a partir do momento em que é transitada. Nos trechos em que a estrada não foi transitada (ocorrência de climas inibidores) permanece uma "linha pontilhada de demarcação" à espera de que em algum momento venha a ser transitada para se tornar real. É essa "linha pontilhada" que gera uma sensação de falta estrutural e de expectativa ansiosa.

Num indivíduo ideal, em que só existiriam climas afetivos facilitadores, todo o PCI seria transformado em POD e, ao final do Modelo do Urinador, teríamos todos os modelos bem organizados e todas as áreas bem delimitadas.

No indivíduo normal, ocorrem climas inibidores de vários tipos de intensidade e gravidade, que dificultarão parcialmente a estruturação dos modelos e a delimitação das áreas.

O núcleo do Eu desse indivíduo apresentará o POD e "bolsões" de PCI em um, dois ou todos os modelos, os quais denominamos zonas de PCI.

No tocante à ocorrência de zonas de PCI, teremos os seguintes registros tanto no POD como na zona de PCI:

- Vivência dos climas inibidores – é a vivência de como o bebê sentiu o clima afetivo inibidor. Essa vivência é sentida como uma sensação de falta de saída, de intenso desamparo e de sensação de morte.
- Sensação de falta estrutural – é a vivência do bebê em relação à falta de algo que deveria ter acontecido e não aconteceu. A sensação é de apatia e de profundo desencanto.
- Sensação de expectativa ansiosa – é a vivência da espera de que aquilo que faltou ocorrerá a qualquer momento. Essa vivência é sentida como uma expectativa ansiosa.

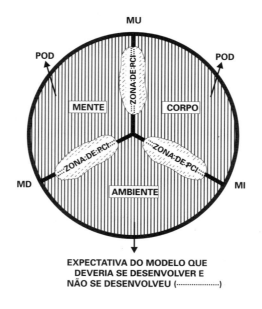

Acaba somatizada como zonas de tensão corporal que tendem a desaparecer quando se completa essa falta (catarse de integração).

Essas vivências estarão registradas tanto no psiquismo que foi organizado (POD) como no psiquismo que permaneceu desorganizado (zonas de PCI).

A permanência de zonas de PCI convivendo com o POD criará uma dificuldade para que essa criança se organize e evolua com independência e autonomia. Ela não consegue confiar em si mesma e se sente insegura e amedrontada em se desligar da mãe ou do adulto conhecido com o qual esteja ligada. A explicação básica pode ser colocada em quatro itens, que vão se constituir na patologia central de toda pessoa que teve bloqueios em seu desenvolvimento psíquico:

1. Perda parcial de identidade – resultante da permanência de zonas de PCI com o POD.
2. Sensação basal de incompletude – é aquela em que falta algo, que deveria ter acontecido, mas não aconteceu.
3. Sensação basal de insegurança – resultante de não poder contar com a totalidade de sua própria identidade: não se sente una.
4. Sensação Basal de Medo – na medida em que se sente permanentemente ameaçada e desprotegida.

A criança, nessa situação, vive um grande impasse, pois:

- Sente uma necessidade interna de crescer, de não depender e de ter maior autonomia.

- É cobrada, pela própria evolução da vida, a assumir cada vez mais condutas e procedimentos de independência e de auto-suficiência compatíveis com sua idade.
- Não encontra em seu mundo interno as condições de desenvolvimento para fazer frente a essas demandas.

Esse impasse é o gerador da angústia patológica e o início do processo de busca.

Uma possibilidade de solução desse impasse seria uma volta às origens para resgatar e completar o desenvolvimento que faltou.

É uma possibilidade pouco viável, na medida em que a matriz de identidade, constituída das pessoas que criaram essa criança, é exatamente a mesma que gerou os climas afetivos inibidores que causaram o bloqueio de seu desenvolvimento.

Outra possibilidade seria a criança procurar os climas facilitadores que faltaram, dentro de seu próprio mundo interno.

É também inviável na medida em que os climas inibidores foram incorporados durante a fase de desenvolvimento cenestésico, e agora fazem parte do clima interno dessa criança.

Mesmo que, numa situação hipotética, pudéssemos mudar a família, esbarraríamos no clima internalizado.

Dessa forma, ela não tem autocontinência nem continência externa para modificar esse impasse.

A solução encontrada é a de estabelecer com o ambiente externo, pessoas ou coisas, um tipo especial de relação a qual denominamos vínculo compensatório.

A essência do vínculo compensatório é a função delegada, em que o indivíduo delega a responsabilidade de uma função psicológica, que deveria ser sua, para uma outra pessoa ou coisa, e passa a ficar dependente dessa pessoa ou coisa. Assim ele tem a sensação de que ficou completo. É como se aquilo que faltou, mas que deveria ter acontecido, finalmente ocorresse.

As funções delegadas são as de cuidar (Modelo do Ingeridor), julgamento, avaliação (Modelo do Defecador) e orientação (Modelo do Urinador). (Esse assunto será abordado com mais detalhes em "Vínculos compensatórios".)

A primeira vinculação compensatória da criança passa a ser com o "paninho" ou qualquer outro objeto que o substitua.

Ela delega para esse paninho as funções psicológicas que lhe faltaram. Assim, consegue se sentir mais segura e completa, pronta para cumprir suas necessidades ou obrigações, desde que esteja com seu paninho. A sensação de falta estrutural desaparece.

Entendemos que, ao delegar essa ou essas funções, ela, na realidade, tamponou a zona de PCI e, a partir daí, passa a funcionar somente com POD. Em contrapartida, estabeleceu uma relação de dependência com o mundo externo, ao longo da vida, que vai sendo substituída do paninho para a "tia da escola", para a professora, o namorado, o marido, a esposa, o amigo, a bebida, a comida, o cigarro, as ideologias etc.

Podemos dizer que o vínculo compensatório tampona as zonas de PCI, mas cria uma relação de dependência com pessoas ou com as coisas.

A identidade dessa criança que antes era constituída de:

$$POD + zona\ de\ PCI,$$

passa a ser:

$$POD + \text{"paninho"}.$$

A partir do vínculo compensatório, as zonas de PCI passam a ser excluídas da identidade da criança. Chamamos esse mecanismo de 1ª zona de exclusão.

Graças à 1ª zona de exclusão, teremos agora uma criança funcionando apenas com o POD, e, assim, ela poderá sair do impasse e suprir suas necessidades e realizar suas tarefas, desde que seja respeitada a relação de dependência que foi estabelecida. Qualquer ameaça de quebra da dependência, como tirar-lhe o paninho, é vivida com desespero e pânico, e ocorrerá a imediata volta de dependência da mãe ou do adulto conhecido.

O núcleo do Eu fica com a seguinte configuração:

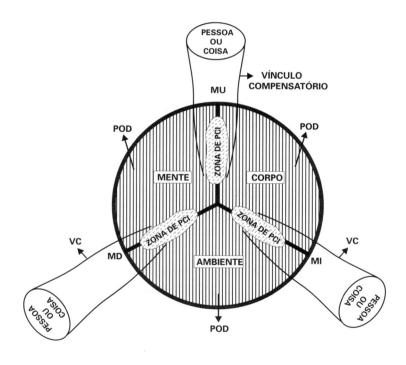

1ª ZONA DE EXCLUSÃO

O tamponamento das zonas de PCI ocasionará o seguinte:

As vivências relacionadas aos climas inibidores, a sensação de falta estrutural e de expectativa ansiosa, que estão registradas no POD, vão sendo organizadas, contidas e explicadas com o próprio desenvolvimento psicológico dessa criança, e tornam-se um "pano de fundo" dentro do seu psiquismo.

As mesmas vivências que também estão registradas nas zonas de PCI serão tamponadas e ficarão como se estivessem "congeladas", tal qual o bebê as sentiu, ou seja, como sensação de "sem saída", de morte, de intenso desamparo, de desencanto e de expectativa ansiosa.

Num posterior rompimento ou desmonte do vínculo compensatório, essas vivências retornarão, da mesma forma que o bebê as sentiu, independentemente da idade do indivíduo.

A estruturação da 1ª zona de exclusão e a formação do vínculo compensatório marcam o início da fase do desenvolvimento psicológico.

Fase do desenvolvimento psicológico

Essa fase compreende a formação e o desenvolvimento do conceito de identidade.

O conceito de identidade é o conjunto de crenças que esse indivíduo tem: são suas verdades e servem como fator de referência e de localização psicológica no mundo, na sua relação com as pessoas, consigo próprio e com o mundo em geral.

É o que ele acredita que seja, o que acredita que os outros sejam e o que acredita que seja a forma como o mundo funciona. Assim ele consegue se posicionar em qualquer situação, desde uma conversa com amigos até uma situação que exija uma postura e uma decisão.

O conceito de identidade é o esteio psicológico assim como as sensações são o esteio na fase do desenvolvimento cenestésico.

Na fase de desenvolvimento cenestésico, a certeza de existir é dada pelas sensações e, na fase de desenvolvimento psicológico, a certeza de existir como pessoa é dada pelo conceito de identidade.

A formação desse conceito é feita baseada na interação da criança com o mundo que a rodeia. Começa por volta dos dois anos e meio aos três anos de idade e continua pelo resto da vida, embora a fase mais intensa vá até o final da adolescência, ao redor dos dezoito aos vinte anos de idade.

Do conceito de identidade farão parte:

- Modelos internalizados – a criança, por imitação, incorpora o modelo do suas figuras parentais, e passa a repeti-los como se fosse ela mesma.
- Conceitos morais adquiridos – a criança adquire uma série de conceitos de certo/errado, bom/mau etc., que são incorporados e passam a fazer parte das suas verdades. Esses conceitos são internalizados pela vivência familiar, escola, religião, filmes e revistas infantis, histórias etc. Apesar de serem internalizados como verdades, são apenas rótulos.
- Vivências da própria criança – constituídas dos registros das próprias vivências psicológicas incorporados ao seu conjunto de crenças.
- Conceitos morais do próprio indivíduo – são as conclusões às quais o próprio indivíduo vai chegando, com base em suas próprias experiências.

Tanto aos modelos incorporados como aos conceitos morais adquiridos damos o nome de Figuras de Mundo Interno.

Em outras palavras, as Figuras de Mundo Interno são as vivências que vêm "de fora" do indivíduo, são incorporadas e passam a fazer parte do conceito de identidade, mas não do Verdadeiro Eu dessa pessoa.

Esses modelos incorporados são traços de pessoas com as quais a criança tem contato, admira e imita. É um processo de identificação e ocorre, principalmente, com as figuras parentais. Essa imitação envolve gestos, expressões, frases, posturas, e até mesmo o jeito de ser e de conduzir a vida.

Já os conceitos morais adquiridos são absorvidos de maneira insidiosa e sem uma fonte claramente estabelecida. Podem ser histórias infantis, filmes, aprendizado escolar, religiões, cotidiano familiar etc.

Para efeito didático, vamos imaginar a família de Maria: ela é considerada uma menina obediente, organizada e boa aluna. Sua irmã, Beth, é tida como preguiçosa, desobediente, mas muito bonita. Seu irmão mais novo, Carlinhos, é o boa-vida, bagunceiro e egoísta. Sua mãe, dona Clara, é nervosa, doente e muito preocupada. Seu pai, Nilson, trabalha muito num banco e está sempre ocupado. Maria é tida como o xodó do pai, e é o braço direito da mãe. A irmã do pai, tia Margarida, vive brigando com Nilson por problemas de dinheiro e é considerada uma grande chata.

Maria costuma ajudar muito a mãe nos afazeres domésticos, lava a louça, passa a roupa, ajuda o irmão nas tarefas da escola e é muito séria e reservada em relação aos garotos. Beth não ajuda em casa, é namoradeira e muitas vezes vai mal na escola. Carlinhos é motivo de preocupação familiar no tocante aos estudos, à arrumação do quarto e às responsabilidades em geral.

Assim, o conceito de identidade de Maria vai se formando com verdades do tipo: ela é pessoa séria, generosa, boa aluna, ordeira, responsável e obediente. Isso acaba continuamente reforçado, e torna-se uma verdade para Maria e para as pessoas que a cercam. Ao mesmo tempo, vai ficando estabelecido que Beth é uma pessoa frívola, namoradeira, inconseqüente, bonita e má aluna, e que Carlinhos é um boa-vida, egoísta e bagunceiro.

O conceito de identidade que Maria tem em relação a sua mãe é o de que ela é uma coitada, que se preocupa demais, de que o pai é um homem muito trabalhador e de que a tia Margarida é invejosa e persegue o irmão.

Maria também forma uma idéia do funcionamento do mundo, com base em seus valores morais e no seu próprio jeito de ser.

Com o tempo, esses conceitos tornam-se cada vez mais verdades para ela, tornando o seu esteio psicológico, determinando a forma com que vai pautar suas posturas na vida, sua visão de si mesma, sua visão do outro e do próprio mundo.

Ao mesmo tempo, Maria tem vivências (pensamentos, sentimentos, percepções e intenções) que se chocam, frontalmente, com esse conjunto de crenças.

Por exemplo: No Natal, Beth ganhou um belo vestido, Carlinhos ganhou uma bicicleta nova e Maria ganhou um livro. De repente, Maria se dá conta de ter sido preterida, começa a ficar revoltada e achar que os pais foram injustos com ela! Sente raiva e uma certa inveja quando, no domingo, está passando roupa para ajudar a mãe, enquanto Beth saiu com as amigas e Carlinhos foi nadar no clube. Começa a perceber que a mãe está sempre cansada e com dor de cabeça para realizar os afazeres domésticos, mas nunca para ir ao *shopping* com a vizinha. Começa a desconfiar do pai, que pôde comprar uma casa de praia com o salário do banco. Será que a tia Margarida tem razão nas suas acusações de desonestidade do pai? Essas e outras questões começam a passar pela cabeça de Maria, embora esses pensamentos, sentimentos, percepções e intenções se choquem de maneira frontal com seu conjunto de crenças e, portanto, com seu conceito de identidade.

Isso gera um grande impasse e, para manter a coerência no Conceito de Identidade, esse material vai sendo excluído do POD e depositado na zona de exclusão. Ele passa a ser "esquecido".

É formada uma nova zona de exclusão, que funciona como um novo "caixa 2" do psiquismo, a 2ª zona de exclusão.

Essa 2ª zona de exclusão é constituída de material psicológico e é passível de resgate pela memória evocativa.

O resgate do material da 2ª zona de exclusão é comparável ao *"insight"*, e no psicodrama chamamos de *"insight* psicodramático", ao passo que o resgate do material da 1ª zona de exclusão é feito pela via das sensações e é comparável ao que Moreno chama de "catarse de integração".

Assim como o vínculo compensatório tampona a zona de PCI, na 1ª zona de exclusão o material excluído depositado na 2ª zona de exclusão é tamponado pelas defesas intrapsíquicas.

As defesas intrapsíquicas têm a função de impedir que o material excluído se torne consciente e, com isso, choque-se, de maneira frontal, com o conjunto de crenças desse indivíduo. Dessa forma, as defesas intrapsíquicas protegem o conceito de identidade vigente.

As defesas intrapsíquicas do Modelo do Ingeridor são as conversivas e fóbicas; do Modelo do Defecador são as de

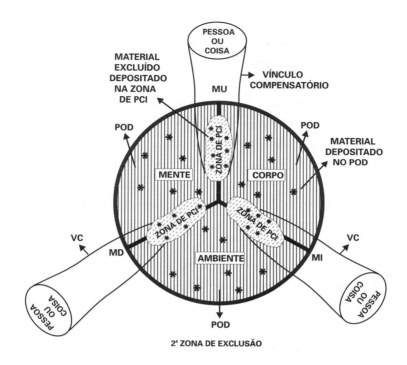

2ª ZONA DE EXCLUSÃO

atuação e de idéias depressivas e do Urinador, as de idéias obsessivas e de rituais compulsivos. Essas defesas são acionadas de forma independente da vontade e da consciência.

Com o desenvolvimento intelectual, essa jovem passa a ter uma capacidade de racionalização cada vez maior e, com isso, tende a justificar suas vivências contraditórias em vez de depositá-las na 2ª zona de exclusão.

Assim, pensamentos, sentimentos, percepções e intenções, que antes seriam depositados na zona de exclusão e "esquecidos", podem ficar no POD, ao alcance do Eu consciente, desde que munidos das justificativas correspondentes. Chamamos isso de material justificado.

Para exemplificar: Maria, num domingo, por revolta e inveja, acaba contando para o namorado de Beth que ela havia saído com outro rapaz, o que gera uma grande briga e o término do namoro da irmã. Ela justifica seu ato como algo bom para a Beth, pois "assim ela tem uma chance de aprender que deve ser honesta e fiel". Maria começa a negligenciar suas tarefas de ajudar o irmão nos estudos, e ele passa a tirar notas baixas. Ela se justifica dizendo que é "uma forma de ele assumir mais suas responsabilidades". Quanto aos afazeres domésticos, deixa de lavar a louça e passar a roupa nos fins de semana dizendo que tem de "estudar com as amigas e esse é o único dia disponível". Passa a justificar que o pai é um homem muito esperto e que fez aplicações muito eficientes com o pouco dinheiro que tinha, e assim conseguiu comprar a casa. E assim por diante.

Graças às justificativas, Maria consegue acreditar que continua a ser séria, obediente, generosa e correta, apesar de admitir uma série de sentimentos, pensamentos e comportamentos contrários a isso.

Essas vivências, apesar de chocarem o conceito de identidade, ficam no consciente, pois a justificativa abranda e dilui a própria contradição.

A capacidade de racionalizar e justificar varia de indivíduo para indivíduo, mas em geral começa ao redor dos 10 a 12 anos de idade e perdura por toda a vida.

À medida que começa o processo de justificativas, diminui a quantidade de material que é depositado na 2ª zona de exclusão.

Desse modo, o psiquismo desse indivíduo é assim organizado:

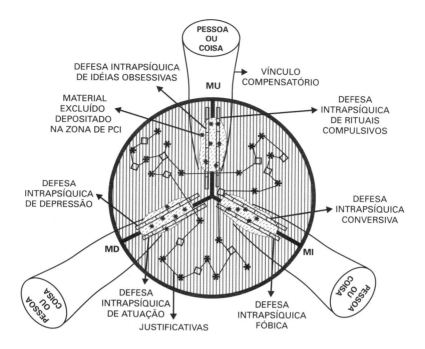

As zonas de PCI estão excluídas da identidade e constituem a 1ª zona de exclusão, que está tamponada pelos vínculos compensatórios.

O material psicológico excluído compõe a 2ª zona de exclusão e fica tamponado pelas defesas intrapsíquicas.

O material psicológico contraditório fica no próprio POD, na forma de material justificado.

Apoiado nesse tripé vínculo compensatório, defesas intrapsíquicas e material justificado, o indivíduo consegue estar numa fase de acomodamento psicológico, na qual a angústia patológica e o processo de busca se encontram bastante diminuídos.

Uma quebra em qualquer dos pilares gera uma situação de crise psicológica, com aumento imediato da angústia patológica e do processo de busca.

Fazem parte do conceito de identidade do indivíduo a fase da triangulação (dos 3 aos 6 anos) e a estruturação da identidade sexual (dos 9 aos 17 anos). (Consultar outras obras do autor.)

2. Patologia das neuroses

Podemos dividir a Psicopatologia em três grandes blocos: Psicopatologia Estrutural, Psicopatologia Psicológica e Mecanismos de Defesa.

PSICOPATOLOGIA ESTRUTURAL

A Psicopatologia Estrutural é a falta de transformação de cotas de psiquismo caótico e indiferenciado (PCI) em psiquismo organizado e diferenciado (POD).

Isso acontece na fase de desenvolvimento cenestésico, que, pela ação dos climas afetivos inibidores, vai prejudicar a formação dos modelos e a delimitação das áreas.

Como resultado, há permanência de zonas de PCI convivendo com POD, que gera: perda parcial de identidade e sensações basais de incompletude, de insegurança e de medo, independentemente do ambiente externo.

Além disso, existirá uma falha estrutural no modelo e uma má delimitação das áreas em que as zonas de PCI estão localizadas. Podemos ter zonas de PCI em um, ou até nos três modelos, sendo que a característica psicodinâmica mais evidente é dada pela maior zona de PCI.

Se não ocorrer a transformação do PCI em POD, deixa de haver uma transformação que estava prevista no código genético da espécie e que não aconteceu como era esperada. Isto vai gerar uma sensação de falta estrutural.

Falta de algo que deveria acontecer e não aconteceu, gerando, além da sensação de falta, uma sensação de expectativa traduzida numa tensão crônica de espera de que, em algum momento, finalmente acontecerá aquilo que deveria acontecer e não aconteceu.

Isso tudo vai ficar tamponado e congelado na estruturação do vínculo compensatório, formando, assim, a 1ª zona de exclusão.

Em relação à transformação do psiquismo, no que se refere aos modelos psicológicos, entendemos que: junto com o mau desenvolvimento fica atrelado o clima inibidor, a sensação de falta estrutural e a tensão crônica.

Dessa forma, sempre que for acionado o modelo, essas vivências também aparecerão, o que faz que se criem várias sensações negativas no indivíduo, tais como: tristeza, solidão, abandono, ansiedade, medo, opressão etc.

Na tentativa de evitar contato com essas sensações, ele evita a utilização do modelo em questão e tenta organizar sua vida psicológica, utilizando cada vez menos os modelos malformados.

Em relação à não-delimitação correta das áreas, o que vai ocorrer é uma confusão entre sentimentos e percepções (ingeridor), percepções e pensamentos (defecador) e pensamentos e sentimentos (urinador). Essa confusão acarretará angústia e desorganização psíquica cada vez que o indivíduo precisar utilizar partes dessas áreas, o que ocasionará a mobilização de defesas, principalmente as intrapsíquicas.

Psicopatologia Psicológica

A Psicopatologia Psicológica diz respeito a conteúdos psicológicos que vão sendo excluídos do conceito de identidade durante a fase do desenvolvimento psicológico. Tais conteúdos são excluídos e depositados na 2ª zona de exclusão, e ali mantidos pela ação das defesas intrapsíquicas.

Esse material é constituído de sentimentos, percepções, pensamentos e intenções que se chocam de maneira frontal com o conceito de identidade vigente, originando as divisões internas dentro do psiquismo.

É um material psicológico que já foi conscientizado e em seguida "esquecido" pelo psiquismo. Fica excluído do conceito de identidade e é recuperado pelo *insight*, que é o descobrir algo que no fundo sempre se soube.

Mecanismos de Defesa

Os Mecanismos de Defesa são artifícios que o psiquismo mobiliza na tentativa de evitar o contato consciente com o material cenestésico da 1ª zona de exclusão e com o material psicológico da 2ª zona de exclusão e, com isso, manter uma certa coerência interna dentro do próprio psiquismo.

Esses mecanismos defensivos podem ser independentes do controle da consciência e característicos do próprio desenvolvimento genético ou, então, podem ter um certo grau de consciência e depender do desenvolvimento psicológico do próprio indivíduo.

Chamamos de Psicodinâmica a forma com que esse conjunto todo se organiza para possibilitar a interação desse indivíduo com os outros, com o mundo e consigo próprio.

Desse modo, podemos dizer que a Psicodinâmica abarca a Psicopatologia Estrutural, a Psicopatologia Psicológica e os Mecanismos de Defesa de um indivíduo.

Definimos que os quadros psicodinâmicos estão caracterizados tanto pela falha estrutural do modelo e má delimitação das áreas (Psicopatologia Estrutural), pela exclusão de conteúdos psicológicos do conceito de identidade (Psicopatologia Psicológica), como por toda a estrutura defensiva que o psiquismo utiliza na tentativa de corrigir essas falhas.

Para efeito didático, na Análise Psicodramática, definimos sete grandes quadros de patologia psicodinâmica: Patologia do Ingeridor, Patologia do Defecador, Patologia do Urinador, Patologia do *Borderline*, Patologia do Esquizóide, Patologia do Esquizofrênico e Patologia Narcísica.

Os Mecanismos de Defesa do Psiquismo

Entendemos como Mecanismos de Defesa do Psiquismo os sintomas, condutas e procedimentos que o psiquismo adota de forma consciente ou não consciente para evitar o contato entre o Eu consciente e o material excluído, seja ele de 1ª ou 2ª zona de exclusão.

Dividimos os Mecanismos de Defesa em seis grandes grupos:

1. Distúrbios funcionais
2. Defesas intrapsíquicas
3. Defesas conscientes
4. Defesas dissociativas
5. Defesas de somatização
6. Defesas projetivas

1. Distúrbios funcionais

São sintomas, comportamentos e condutas que o indivíduo apresenta de forma pouco consciente e não-deliberada, de modo que evite contato com o material excluído e, ao mesmo tempo, descarregar as tensões decorrentes dessa exclusão.

Desse modo, o indivíduo consegue dar vazão aos conteúdos excluídos. É uma vazão de forma inadequada, mas que viabiliza (com os recursos psíquicos disponíveis) as funções psicológicas bloqueadas, dando-lhes a devida descarga, sem o contato com o Eu consciente.

Assim, o indivíduo consegue descarregar a angústia patológica com o distúrbio funcional.

Consideramos distúrbios funcionais os seguintes mecanismos de defesa:

A) UTILIZAÇÃO DO PAPEL PSICOSSOMÁTICO NO LUGAR DO MODELO PSICOLÓGICO

Lembremos que o modelo psicológico é formado com base na composição das sensações do papel somático, somadas e vinculadas, com os climas afetivos (facilitador ou inibidor). O elo entre o modelo psicológico e o papel somático é o papel psicossomático.

Papel psicossomático é a utilização do papel somático com finalidade psicológica.

Nesses casos, o indivíduo, tendo o modelo psicológico bloqueado, utiliza o papel somático com um sentido psicológico, isto é, o papel psicossomático, para descarregar uma tensão, o que deveria ser feito pelo psíquico e não pelo somático.

Por exemplo: João tem uma dificuldade estrutural de expressar e comunicar seus sentimentos (bloqueio do defecador). Numa crise de raiva, em vez de manifestar e expressar sua raiva e revolta (modelo psicológico), acaba tendo crises de diarréia ou de cólicas intestinais (papel somático do defecador), só que essa diarréia ou cólica está descarregando os sentimentos de raiva (conteúdos psicológicos) sem que João entre em contato com eles.

Maria tem uma grande dificuldade de dizer não, de defender e impor suas vontades. Ela "engole sapo" o tempo todo. De repente, não consegue engolir, deixa de comer, angustia-se com a possibilidade de ter de engolir a comida e entra num quadro de anorexia nervosa. Maria disse um não somático em vez de um não psicológico. O fato de não engolir a comida substitui o "não engolir mais sapos". É um distúrbio funcional, na medida em que ela está usando um papel somático (não engolir) na substituição do modelo psicológico.

A utilização do papel somático no lugar do modelo psicológico acontece sem o controle consciente do indivíduo, e acaba por descarregar a tensão psicológica ("raiva/João" e "se defender/Maria"), mas de forma inadequada e com conseqüências maléficas.

Dentro dos distúrbios funcionais vamos encontrar também as falhas eretivas, o vaginismo, náuseas, eructações, flatulências, diarréias, cegueiras, retenção de fezes ou de urina, masturbação infantil etc. Todos de origem psicogênica.

B) AÇÕES COM SEGUNDA INTENÇÃO OU VICARIÂNCIA (BERMÚDEZ)

Bermúdez utilizou o termo vicariância para definir quando o indivíduo utiliza um modelo psicológico sadio para complementar o modelo psicológico poroso ou doente.

Entendemos isso como ações ou atitudes com segunda intenção.

Por exemplo: Mariana é uma aluna que sempre está se prontificando a "fazer as coisas" na classe. Se está sendo organizada uma festa ou uma viagem, ela se oferece para preparar. Agita-se e faz um grande alarde sobre essas atividades. Notamos que, embora ela utilize o modelo psicológico do urinador (planejamento e execução), sua intenção é a de receber atenção, ser aceita (ingeridor). Ela tem dificuldade de receber essa atenção de forma direta e acaba fazendo isso de forma indireta. Em vez de receber pelo Modelo do Ingeridor, ela acaba por utilizar o Modelo do Urinador de forma vicariante.

E outro caso que se constitui em exemplo é o de Carlos, que tem dificuldades no planejamento e na execução de suas atividades (Modelo do Urinador), mas vive criando, elaborando e falando sobre seus inúmeros planos (modelo do defecador). Carlos substitui o fazer (urinador) pelo falar em fazer (defecador vicariante).

Dessa forma, tanto Mariana como Carlos descarregam suas tensões e necessidades, respectivamente de receber e de agir, mas de forma inadequada. Mariana age com a intenção de receber, e Carlos expressa-se e comunica-se em vez de agir. Ambos não têm uma clara consciência desse mecanismo nem de suas necessidades, mas sentem que, de alguma forma, elas são descarregadas.

c) DINÂMICAS SUBSTITUTIVAS OU SUBSTITUIÇÕES

São dinâmicas que permitem ao psiquismo descarregar cargas emocionais e tensionais, que deveriam ser descarregadas por uma dinâmica que se encontra bloqueada.

Ficam localizadas como distúrbios funcionais, na medida em que ajudam a remover as cargas tensionais que estão bloqueadas, e nem sempre podemos considerá-los inadequados.

Um bom exemplo são as dinâmicas sexuais ligadas ao parceiro evitado/parceiro possível. Entendemos que o parceiro evitado está bloqueado, pois ele mobiliza parte da identidade sexual que está evitada e o parceiro possível possibilita descarregar a energia sexual acumulada com os recursos psicológicos disponíveis. Vejamos o caso de Pedro para elucidar essa abordagem: ele sente uma grande atração pelas mulheres, mas tem um bloqueio de contato com elas (parceiro evitado). Passa então a masturbar-se sistematicamente, utilizando-se de fantasias e filmes pornográficos de mulheres. Assim, o objeto de desejo passa a ser virtual, e a masturbação sistemática torna-se o parceiro possível. A masturbação passa a ser uma dinâmica substitutiva, pois descarrega a energia sexual de Pedro, e o deixa sexualmente satisfeito, embora o verdadeiro desejo esteja localizado no contato com as mulheres reais (parceiro evitado).

2. *Defesas intrapsíquicas*

São mecanismos inconscientes e fora do controle da vontade, cuja função principal é a de evitar que o Eu consciente entre em contato com o material excluído, seja ele de 1ª ou 2ª zona de exclusão.

As defesas intrapsíquicas são mecanismos inatos e, o que é muito provável, já previstos geneticamente no desenvolvimento do psiquismo, posto que: manifestam-se da mesma maneira em todos os indivíduos, independendo do ambiente externo em que eles foram criados.

As defesas intrapsíquicas estão vinculadas aos modelos psicológicos e têm como características estruturais as áreas de origem.

Cada vez que algum material da 2ª zona de exclusão é mobilizado e ameaça vir para a esfera do POD, diga-se Eu consciente, a defesa é mobilizada e "desvia a atenção" do indivíduo para um sintoma, uma postura ou atitude, de modo que esse material não se torne consciente.

Para trabalhar com as defesas intrapsíquicas utilizamos as técnicas de colocar o cliente no papel de observador de si mesmo, ou então o espelho que retira.

Ligadas ao Modelo do Ingeridor, temos:

- Área corpo – defesa conversiva e defesa histérica
- Área ambiente – defesa fóbica, contrafóbica e psicopática

Ligadas ao Modelo do Defecador, temos:

- Área ambiente – defesa de atuação
- Área mente – defesa de idéias depressivas

Ligadas ao Modelo do Urinador, temos:

- Área mente – defesa de idéias obsessivas
- Área corpo – defesa de rituais compulsivos

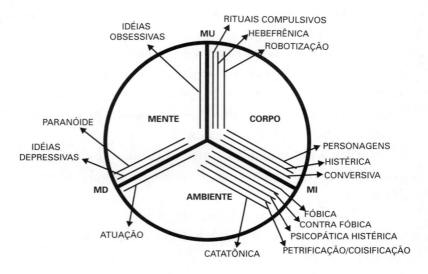

DEFESAS INTRAPSÍQUICAS

Veremos as características detalhadas de cada defesa intrapsíquica na descrição dos grandes quadros psicodinâmicos da Análise Psicodramática:

Defesas psicóticas

São mecanismos de defesa inatos e funcionam como as defesas intrapsíquicas, só que numa intensidade muito maior. Podemos dizer que as defesas psicóticas são as defesas intrapsíquicas que evitam o contato com o próprio conceito de identidade e não com apenas o material da 2ª zona de exclusão, como as defesas intrapsíquicas neuróticas.

Defesa catatônica

É uma exacerbação da defesa fóbica, onde o indivíduo bloqueia todo contato com os outros e deixa de sentir suas emoções, embora permaneça consciente do que está acontecendo. Dessa forma, evita o contato com o conceito de identidade ambivalente.

Defesa paranóide

É uma exacerbação da defesa de idéias depressivas, onde o indivíduo passa a ter um debate interno com características persecutórias, sobre os pensamentos, sentimentos e intenções das outras pessoas, sem chegar a nenhuma conclusão. O objetivo é ocupar o pensamento e evitar o contato com o conceito de identidade ambivalente.

Defesa hebefrênica

É uma exacerbação da defesa de idéias obsessivas e de rituais compulsivos, onde o indivíduo age sem pensar e pensa sem refletir, evitando o contato com o conceito de identidade ambivalente. A estratégia psicoterápica é fazer que o cliente se veja e possa fazer alguma crítica sobre si mesmo. Em outras palavras, a estratégia é criar uma situação na qual ele utilize sua parte sadia (autopercepção) para melhorar a crítica e abrir caminho para a abordagem da ambivalência.

Defesas esquizóides

São mecanismos de defesa inatos que fazem parte das defesas intrapsíquicas. São consideradas defesas esquizóides por aparecerem com mais freqüência nesses casos, mas também ocorrem nos neuróticos, de forma mais branda.

Sistema de personagens

Pode ser considerado um mecanismo de defesa similar ao da defesa histérica. É usado pelo esquizóide para dificultar ou mesmo impedir contato com o outro, que se lhe apresenta sempre como algo ameaçador. Nesses casos, o esquizóide passa a se relacionar com o outro e com o mundo jogando o papel de algum tipo de personagem montado por ele. Este personagem pode ser um personagem caricato, excêntrico ou copiado de alguma pessoa real. Esse processo é denominado personação.

Robotização

É um mecanismo de defesa inato, em que se estrutura um controle mental intenso sobre as posturas, as atitudes e as falas. É muito semelhante aos sintomas obsessivos e compulsivos em sua forma, mas não em sua psicodinâmica.

Por exemplo: Joana está o tempo todo controlando suas atitudes. É como se uma voz lhe dissesse, irradiando, tudo que ela deve fazer: "agora vá ao banheiro, separe os xampus, ligue o chuveiro, tire a roupa e pendure-a no cabide. Entre no banho e comece a lavar a cabeça, depois o rosto etc." Dessa forma, seus atos e posturas são estudados e controlados.

Coisificação/Petrificação

É uma espécie de pensamento mágico, no qual o indivíduo desumaniza o outro, os outros ou a si mesmo, transformando-os: em pedra, em madeira, em plástico, em palha etc. Dessa forma ele se relaciona com coisas e não com pessoas ou então relaciona-se com pessoas, mas ele se imagina uma coisa. A coisificação/petrificação é uma exacerbação da defesa fóbica e bloqueia os sentimentos. Veja a esse respeito o capítulo 3.

3. Defesas conscientes

Podemos considerá-las mecanismos de evitação conscientes. Nesses casos, o indivíduo tem alguma consciência do material que está sendo evitado. O que ele não tem é a consciência nem a explicação do porquê de estar evitando. Ele não tem a explicação para a evitação; tem apenas a intuição de que deve ser evitado.

Racionalização e justificativas

São contradições que se chocam com o conceito de identidade vigente e cuja verdadeira explicação está na 2ª zona de exclusão. Essas contradições permanecem no POD e são toleradas pelo Eu consciente porque estão vinculadas a uma racionalização ou justificativa. A função da racionalização/justificativa é a de acalmar a angústia patológica resultante do conflito e, ao mesmo tempo, evitar a mobilização da verdadeira explicação, que é material excluído da 2ª zona de exclusão.

Por exemplo: Maria, 60 anos, está muito deprimida, pois nenhum de seus três filhos a cumprimentou pelo Dia das Mães. Ela se acha uma ótima mãe (conceito de identidade), e o fato de não ser cumprimentada por eles choca-se com seu conceito de identidade. Maria racionaliza e justifica a situação com: "Meu erro foi dar amor demais". Ela usa uma justificativa para tamponar o conflito e evitar a mobilização da verdadeira explicação que, no decorrer da psicoterapia, foi ela quem "fez tudo para os filhos", mas centrada no que ela achava que eles queriam, pediam, ou considerava importante. Ela esteve sempre centrada nela e não neles.

Em algumas situações, a racionalização e a justificativa são uma produção do intelecto do próprio indivíduo. Em outras, ele se utiliza da religião, da política, da filosofia etc., como justificativas que já se encontram prontas, tais como: "Não posso sentir isso porque é pecado", "Fui tentado pelo demônio", "Esse é o meu carma e não tem o que se possa fazer", "A culpa é do regime capitalista", "É uma insatisfação existencial" etc.

A estratégia psicoterápica para manejar as racionalizações/justificativas é a de questioná-las para que o conflito possa ficar mais evidente e a de mobilizar o material excluído para identificá-lo e, posteriormente, integrá-lo ao conceito de identidade. As principais técnicas para isso são: questionamento direto, princípio do espelho, espelho físico, entrevista e questionamento dos personagens, átomo familiar e social etc.

Quando as racionalizações e justificativas estão muito intensas e sistemáticas, o que dificulta o questionamento, dizemos que o indivíduo está com exacerbação do conceito de identidade, que funciona como mecanismo de defesa. A exacerbação do conceito de identidade, quando se estrutura de forma muito intensa, pode ser extremamente grave a ponto de o indivíduo passar a ter sua vida dirigida pelas racionalizações e justificativas e não pelos seus próprios pensamentos, sentimentos e percepções. É o caso do fanatismo, seja ele religioso, ideológico ou político. O fanático passa a utilizar a ideologia como substituta do seu conceito de identidade e não consegue mais pensar com a própria cabeça, apenas segue o manual indicado pelo seu líder ou por seu guru. Nesses casos, as racionalizações passam a ter uma função de rótulo de identidade e não de conceito de identidade.

Evitação deliberada e evitação consciente

São mecanismos conscientes em que o indivíduo evita determinados temas no *setting* psicoterápico. Esse processo de evitação está ligado à intuição. Lembremo-nos de que a intuição relaciona-se ao instinto de sobrevivência, seja ela física ou psíquica. Na evitação deliberada, o cliente determina de forma consciente que não vai trazer certo tema para a terapia e esse tema é "esquecido", e muitas vezes não volta à tona, ou só retorna muito mais tarde no contexto psicoterápico. Na evitação consciente, o cliente lembra-se de determinado tema, propõe-se a trazê-lo para a sessão, mas o "esquece" ou só se lembra dele ao final da sessão ou então depois dela. Entendemos que, intuitivamente, o cliente evita esses temas com graus variados de consciência. Isso ocorre à medida que ele intui que esses temas produzirão mudanças de mundo externo e não só de mundo interno.

Emoções reativas

Mecanismo com certo grau de consciência onde o indivíduo evita contato com determinada emoção e mobiliza outra no lugar. Muitas vezes, o indivíduo sente raiva quando deveria ficar triste ou, então, torna-se eufórico em vez de triste ou, ainda, sente pena no lugar de raiva etc. Esses sentimentos reativos escondem o verdadeiro sentimento, e assim é evitado o contato com todo o material ligado ao sentimento evitado.

4. Defesas dissociativas

Dissociações são mecanismos de defesa, também inatos e fora do controle da vontade, onde o indivíduo se desconecta de uma parte do Eu. A parte desconectada é a mais conflitada e o indivíduo passa a funcionar sem ter contato com ela.

Costumo comparar o mecanismo de dissociação com os disjuntores da caixa de luz de uma casa. Se houver um curto-circuito, os disjuntores desligarão automaticamente a energia elétrica. A casa ficará sem luz, mas a fiação será preservada.

Enquanto o problema não for reparado, será inútil tentar ligar os disjuntores, pois eles se autodesligarão.

Assim, entendemos que o curto-circuito pode ser comparado a uma situação em que os conteúdos conflitados são de tal maneira excludentes ou incompatíveis uns com os outros, que a melhor forma é deixá-los de lado (desconectados).

Dessa forma, o psiquismo "desliga" a parte conflitada para preservar o restante da identidade.

Podemos identificar três tipos básicos de dissociação:

- Nos ingeridores encontramos uma dissociação mente–corpo. O pensar (mente) fica desconectado do sentir (corpo). O indivíduo pensa, mas não sente a correspondência daquilo que está sendo pensado.
- Nos defecadores encontramos uma dissociação corpo–mente. O sentir (corpo) fica desconectado do pensar (mente). O indivíduo sente, mas não consegue pensar na correspondência daquilo que é sentido.
- Nos urinadores encontramos uma dissociação ambiente–corpo/mente. O perceber (ambiente) fica desconectado da outra parte do Eu (mente/corpo). O indivíduo percebe os outros e o mundo, mas não se inclui nessa percepção ou, então, ele tem uma autopercepção, mas esta não se conecta à percepção do externo (outro).

Dizemos que a dissociação é uma situação de superaquecimento do psiquismo.

A estratégia psicoterápica para trabalhar as dissociações consiste em utilizar o espelho que retira para desaquecer o psiquismo e começar o processo de reconectar a parte dissociada. E, a cada material conflitado que aparecer, deve-se tra-

Psicopatologia e psicodinâmica na análise psicodramática

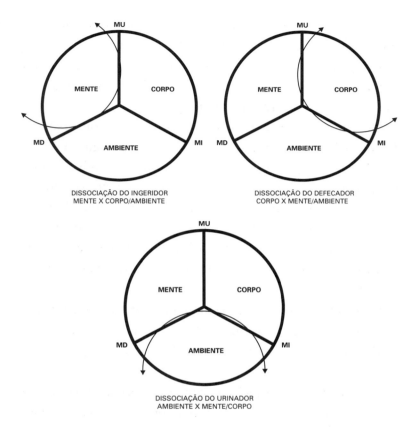

DISSOCIAÇÃO DO INGERIDOR
MENTE X CORPO/AMBIENTE

DISSOCIAÇÃO DO DEFECADOR
CORPO X MENTE/AMBIENTE

DISSOCIAÇÃO DO URINADOR
AMBIENTE X MENTE/CORPO

balhá-lo com cenas de descarga ou de alguma outra forma. Não se deve tentar reconectar todo o psiquismo sem resolver os conflitos. Essa reconexão é feita aos poucos e acontece na medida em que cada conflito identificado for trabalhado isoladamente.

5. *Defesa de somatização*

A somatização é um mecanismo pelo qual um conflito psicológico passa a ser descarregado em um órgão do corpo, o que pode causar uma lesão nesse órgão, conforme a intensidade, a freqüência e o tempo de duração. A angústia patológica gerada pelo conflito é descarregada no órgão. Dessa forma o indivíduo não sente nem o conflito nem a angústia, mas sente dor, coceira, incômodo etc.

Devemos diferenciar as somatizações das conversões e dos distúrbios funcionais. Na somatização, a angústia é descarregada no órgão, o indivíduo não sente o conflito nem a angústia e esta pode lesar o órgão; na conversão, o sintoma aparece no órgão, mas a angústia não é descarregada nele; o indivíduo não identifica o conflito, mas sente a angústia, e não existe lesão no órgão. Nos distúrbios funcionais, o conflito é descarregado pelo papel psicossomático, não gerando angústia patológica.

Colocamos a somatização como uma defesa na medida em que ela evita o contato consciente com o material excluído.

Dividimos as somatizações em três grandes grupos:

1. Quando a somatização do conflito emocional é a causa da doença. Nesses casos, quando se consegue trazer o conflito para a esfera psicológica, e a angústia deixa de ser descarregada no órgão, existe uma remissão total das lesões e o órgão pode ser considerado curado. Isso nos evidencia que as lesões eram diretamente causadas pela somatização. Incluem-se, nesses casos, as úlceras gástricas, gastrites, retocolites ulcerativas, urticárias, alopecias, fibromialgias etc.

2. Quando a somatização do conflito emocional serve como desencadeante das crises da doença. Nesses casos, existe uma doença de auto-agressão, e a somatização do conflito desencadeia e/ou piora as crises da doença. Quando o conflito passa para a esfera psíquica e a angústia deixa de

ser descarregada no corpo, as crises tendem a se espaçar e se tornam muito mais brandas. Mas não podemos falar em cura da doença, e sim, que a doença está menos agressiva e menos constante. Estão nesse grupo miastenias, lupos, psoríases, artrites reumatóides etc.

3. Quando a somatização do conflito emocional apenas agrava uma doença já existente. Nesses casos, além de agravar uma doença existente, a somatização vai colaborar para que o indivíduo desencadeie uma doença para a qual já tenha alguma propensão. Quando o conflito é identificado e passa para a esfera psíquica, existe uma facilitação do tratamento clínico ou cirúrgico. O indivíduo se torna mais receptivo ao tratamento, mas a doença continua sua evolução. Estão incluídas, nesses casos, as cardiopatias, as pneumopatias, as hipertensões etc. Possivelmente o câncer possa ser incluído nesse grupo.

O cliente com somatização, de qualquer tipo, tende a ignorar o componente psicológico na medida em que não tem o sintoma de angústia. Na estratégia psicoterápica, fazemos um processo de clareamento e conscientização da somatização da angústia e, posteriormente, trabalhamos para trazer o conflito e a angústia para a esfera psíquica, liberando o órgão e facilitando o tratamento físico desse órgão.

Ao trazermos o conflito para a esfera psíquica, o cliente passa a conscientizar-se do conflito e a sentir a angústia patológica, por ele desencadeada, e freqüentemente considera isso como uma piora. No entanto, deixa de descarregar a angústia no órgão, diminuindo ou eliminando as lesões e, com isso, a dor e o incômodo físico.

6. Defesas projetivas

São mecanismos defensivos relacionais, que fazem o indivíduo projetar na outra pessoa uma parte do seu próprio conflito. Dessa forma, um conflito internalizado passa a ser externalizado. Em outras palavras, o conflito fica na relação e não no mundo interno do indivíduo. A angústia patológica fica na relação e passa para a pessoa vítima da projeção.

Vínculo compensatório

É uma relação de dependência onde se delega para uma pessoa uma função psicológica que deveria ser assumida pelo indivíduo, mas que passa a ser esperada, cobrada e exigida do outro. O vínculo compensatório é um mecanismo inato e fora do controle da vontade do indivíduo. Tampona o material cenestésico da 1ª zona de exclusão, evitando assim que o psiquismo entre em contato com esse material.

Chamamos essa função de delegada. Delega-se ao outro a responsabilidade por uma função psicológica que, em vez de ser assumida pelo próprio indivíduo, passa a ser esperada, cobrada e exigida do outro, complementando-a assim. Torna-se uma função complementar interna patológica.

A função delegada pode ser conferida para outra pessoa, para coisas (comida, bebida, cigarro etc.), para condutas (compras, jogo, coleção etc.), para ideologias, religiões etc.

Quando a função delegada está localizada numa pessoa, o indivíduo espera, cobra e exige que essa pessoa passe a fazer a função complementar interna patológica (completar a função interna que faltou) e se frustra, irrita-se e desespera-se quando isso não acontece. Quando está localizada em coisas, condutas etc., ele tem a ilusão de estar sendo atendido quando tem a coisa, ou exerce a conduta ou pratica a ideologia e se desespera quando isso não é possível.

Lembremo-nos de que na zona de PCI existe o registro de uma sensação de falta. Falta de um modelo que deveria ter-se desenvolvido e que não se desenvolveu da forma esperada. Esta sensação de falta gera uma sensação de expectativa (tensão crônica) de que, em algum momento, esse desenvolvimento será completado.

O vínculo compensatório (função delegada e complementação interna patológica) tampona essa sensação de falta e de expectativa. É como se o que falta do desenvolvimento tivesse acontecido. Com o vínculo compensatório, o indivíduo tem a sensação de que está completo. Por exemplo: Paulo tem uma função delegada de ingeridor com Clarisse. Isso quer dizer que "Paulo decide que a responsabilidade da função psicológica de cuidar dele e de seus interesses materiais e afetivos passa a ser de Clarisse". Ele passa a esperar que ela assuma essa função complementar e, quando não o faz, ele cobra, exige e se desespera.

Se Paulo tivesse a mesma função delegada com a comida, ele se sentiria cuidado ao comer, e descuidado, desamparado, desprotegido não comendo. Ou, então, se tivesse a mesma função delegada para comprar coisas, ele se sentiria cuidado quando estivesse comprando. Ou, com religião, ele se sentiria cuidado pela sua divindade, e assim por diante.

Podemos dizer que Paulo está dependente: da Clarisse, de comida, de comprar ou de religião.

Os vínculos compensatórios estão diretamente ligados às zonas de PCI:

- Vínculo do ingeridor: tampona a zona de PCI do ingeridor e a função delegada é a de cuidar, proteger. Pode ser enunciado como: "Eu não sou responsável por cuidar de meus interesses afetivos ou materiais". Os responsáveis passam a ser: o outro ou coisas.
- Vínculo do defecador: tampona a zona de PCI do defecador e a função delegada é a de julgamento, avaliação. Pode ser enunciado como: "Eu não sou responsável por me autojulgar e me auto-avaliar em minhas atitudes e procedimentos". Os responsáveis são: o outro ou as coisas.
- Vínculo do urinador: tampona a zona de PCI do urinador e a função delegada e a de orientação, condução de vida. Pode ser enunciado como: "Eu não sou responsável por orientar ou conduzir minha vida e minhas escolhas". Os responsáveis são: o outro ou as coisas.

Em termos de estratégia psicoterápica, o vínculo compensatório precisa ser desmontado para se ter acesso à 1ª zona de exclusão. O resgate do material cenestésico que compõe a 1ª zona é que vai ocasionar a catarse de integração.

São dois os procedimentos, em relação ao vínculo compensatório:

- Rompimento do vínculo compensatório: é quando se perde o objeto (pessoa ou coisa) da função delegada e se reestrutura o vínculo com a mesma função em um novo objeto. Por exemplo, Paulo se separa de Clarisse, com quem tem um vínculo compensatório de ingeridor (perde o objeto Clarisse), e torna-se dependente de bebida, sentindo-se cuidado e protegido quando bebe. Refez o vínculo com um novo objeto (bebida) e com a mesma função (ingeridor/cuidado/proteção).

- Desmonte do vínculo compensatório: é quando o indivíduo desmonta o mecanismo da dependência. Para isso ele precisa assumir a função delegada. Isso libera a zona de PCI do seu tamponamento, o indivíduo passa a sentir o material cenestésico excluído (clima inibidor, sensação de falta estrutural e ansiedade de expectativa) tal qual o bebê sentiu, até ocorrer a catarse de integração. No exemplo de Paulo, o desmonte do vínculo compensatório acontece à medida que ele assume a responsabilidade de que deve cuidar de si mesmo e não os outros ou as coisas. Isso faz que ele perca a ilusão de que alguém vai "adotar" o Paulinho e ele mesmo "adote" o Paulinho. Vai, então, sentir toda vivência cenestésica do Paulinho bebê, que estava excluída (1ª zona de exclusão) até sua integração no psiquismo.

- Divisão interna externalizada – as divisões internas surgem da contradição entre as figuras de mundo interno (POD) *versus* vivências excluídas do verdadeiro Eu (material depositado na 2ª zona de exclusão). A divisão interna externalizada é a projeção e a exteriorização de um dos lados da contradição na relação com o outro. Dessa forma, evita-se o contato com o material excluído (anula-se a contradição) e diminui-se a angústia (fica na outra pessoa). O conflito e a angústia patológica passam a fazer parte da relação e não do mundo interno do indivíduo. Embora não seja um mecanismo de defesa, é um procedimento relacional que funciona como defesa. Entendemos como Figuras de Mundo Interno os modelos adquiridos (imitação e incorporação de traços de personalidade, sentimentos e maneiras de ser dos adultos que conviveram com a pessoa na infância) e os conceitos morais adquiridos incorporados na infância e na adolescência da família, escola, mídia, histórias infantis etc. Tanto os modelos como os conceitos adquiridos fazem parte do conceito de identidade vigente. O resultado da divisão interna externalizada é um confronto com o outro e, muitas vezes, com o terapeuta. O indivíduo/cliente defende um ponto de vista (um braço da divisão) e provoca que o outro/terapeuta defenda o ponto de vista confrontante (outro braço da divisão). Dessa forma, o conflito que seria de mundo interno é transferido para o mundo externo/relacional. Cria-se um impasse sem saída, pois o indivíduo/cliente rejeita de forma sistemática as propostas do outro/terapeuta, pois, se fossem aceitas, o conflito apareceria como algo pertencente ao indivíduo. Parte da angústia é transferida para o outro/terapeuta, que começa a se sentir responsável, e tenta encontrar "uma saída" para o indivíduo/cliente. Por exemplo: Maria, 50 anos, vem ao terapeuta queixando-se de que as férias estão chegando e ela tem de ir novamente para a casa de praia com a família. Queixa-se de que fica exausta, e é um tormento ter de arrumar a casa, preparar as refeições e outros afazeres. À medida que o terapeuta lhe sugere várias opções, desde ir para um hotel, levar auxiliares e repartir as tarefas com a família, ela, sistematicamente, rejeita todas as possibilidades que, aliás, já tinham sido propostas pelos próprios familiares. Dessa forma, Maria cria uma situação sem saída, em que todos, inclusive ela mesma, ficam num impasse, pois as sugestões são descartadas, e ela não propõe nenhuma, apenas continua se queixando. Num exame mais detalhado da questão, vemos que a angústia de Maria foi distribuída a todos, familiares e terapeuta. E ela não tem um conflito interno: ele foi externalizado e ficou a cargo dos outros, à procura de uma saída para o impasse. Ao propormos que Maria faça essas queixas para si mesma e não para os outros, teremos a seguinte situação: o conflito fica internalizado (divisão interna), a angústia fica com a própria Maria, que tem de assumir uma posição: modificar a situação ou assumir que vai deixar como está. A estratégia psicoterápica, nesses casos, é fazer que a divisão interna externalizada volte para dentro do mundo interno como uma divisão interna internalizada, onde o cliente seja obrigado a assumir a autoria do conflito, resolvendo-o ou não. A técnica mais eficiente para tanto é a utilização do espelho que reflete ou a do espelho com questionamento.

3. Psicopatologia e psicodinâmica do esquizóide

É uma patologia originada na fase intra-uterina do desenvolvimento cenestésico. Sabemos, pela dedução da sintomatologia dos adultos doentes e dos estudos cada vez mais adiantados da neurociência, que existe um contato muito íntimo entre os sentimentos da mãe e as sensações e reações do feto. Acreditamos que essa passagem se dê pela placenta e pelo líquido amniótico, que se constituem como o ambiente externo mais imediato desse feto.

Entendemos como esquizóide uma situação na qual o feto não foi aceito e acolhido pela mãe, independentemente das razões que a levaram a esse comportamento.

Separamos essa falta de acolhimento em dois grandes grupos:

- A mãe rejeita o feto: nesse caso há uma não-aceitação ativa por parte da mãe. O feto terá como seu ambiente

- externo um clima afetivo de hostilidade e rejeição. Isso produzirá, no feto, uma sensação ativa de não-acolhimento, de ameaça e de destruição.
- A mãe ignora o feto: nesse caso existe uma não-aceitação passiva por parte da mãe. O feto terá, como ambiente externo, um clima afetivo de indiferença e de vazio. Isso produzirá nele uma sensação passiva de não-acolhimento e de intensa solidão.

Essas sensações de não-acolhimento, de ameaça de destruição e de intensa solidão ficarão impressas na vivência cenestésica desse indivíduo para o resto de sua vida. Esse registro cenestésico produzirá como correspondência psíquica uma sensação de não pertencer, que é a marca registrada do esquizóide.

Essa sensação de não pertencer está impressa na base do desenvolvimento psicológico e impregnará todo o comportamento do esquizóide. Ele passa a viver e funcionar na vida tendo a sensação de que na verdade ela, por direito, não lhe pertence. Passa a sentir-se um blefe, um embuste e uma farsa dentro da própria vida.

Costumo comparar o esquizóide a um penetra numa festa (vida), que passa o tempo todo com o temor de que, uma vez descoberto, seja expulso dela. Não consegue aproveitar nem se sentir como pertencendo a essa festa. Na tentativa de não ser expulso, ele se transforma num mestre dos disfarces, tentando não ser visto ou percebido, e evita todos os contatos possíveis com as outras pessoas.

Assim, a Patologia Estrutural do esquizóide é o registro cenestésico de não-acolhimento e da sensação de não pertencer.

Essa sensação estará presente já no nascimento desse indivíduo e interferirá no desenvolvimento dos modelos e das áreas.

Dizemos que o seu PCI (psiquismo caótico e indiferenciado) já está impresso com essa vivência de não-acolhimento ao nascer e, dessa forma, podemos considerá-la uma vivência inata. É muito comum o esquizóide se referir a essa sensação de não pertencer como "Já nasci com ela".

No decorrer do desenvolvimento cenestésico, ele vai desenvolver os modelos e as áreas como qualquer outro bebê, mas o fato de já existir essa sensação de não pertencer presente no seu PCI faz que ele não esteja totalmente envolvido nesse desenvolvimento.

Dessa maneira, ele desenvolve os modelos de Ingeridor, Defecador e Urinador, mas em todos eles fica vinculada à sensação básica de não pertencer.

Isso vai produzir uma cisão, pois, ao mesmo tempo que esse bebê está captando os climas afetivos e interagindo com a mãe, com a família e com o ambiente externo, tem uma sensação de não pertencer em relação a essa mãe, a essa família e a esse ambiente externo.

Em outras palavras, ao mesmo tempo que desenvolve os modelos e interage com o ambiente externo e, portanto, tem a vivência de pertencer a esse mundo, persiste uma sensação mais regredida de que ele não pertence a nenhum mundo.

Essa vivência paradoxal gera uma sensação de estar com o seu Eu dividido, gerando assim uma cisão no seu Eu. É o que Laig chama de *self* desencarnado.

Essa cisão, que na fase cenestésica fica registrada ao nível das sensações, dará origem a um Eu psicológico também dividido ao que denominamos: Eu observador e Eu operativo.

Consideramos a cisão cenestésica (sensação de estar dividido) como parte da Patologia Estrutural e a divisão do conceito de identidade (eu observador e eu operativo) como parte da patologia psicológica.

A cisão do psiquismo leva o esquizóide a sentir-se permanentemente dividido e estruturando o seguinte modo de funcionamento:

- Eu observador: é a parte do psiquismo em que está localizada a sensação de não-acolhimento e de não fazer parte. É uma parte do Eu que precisa ficar sempre escondida porque o "ser visto" e o "ser percebido" passam a ser sistematicamente evitados sob o risco de serem banidos e destruídos. Dessa forma, o esquizóide passa a ser um eterno observador de si mesmo.
- Eu operativo: é a parte do psiquismo em que se desenvolveram os modelos e as áreas. É a parte visível do Eu, que age e interage no dia-a-dia. Tem as características dos modelos e pode apresentar os traços das patologias dos modelos (Ingeridor, Defecador e Urinador).

A ponte entre o Eu observador e o Eu operativo é feita pela função mental. Ele tem uma noção das ações do Eu operativo, mas está desconectado emocionalmente dele. Existe a consciência de nunca estar totalmente inteiro.

Essa situação leva o esquizóide a um pesadelo, pois não pode existir pela sensação de não-acolhimento e ao mesmo tempo tem de existir porque está vivo, pensando, sentindo e agindo!

Essa sensação caótica e até mesmo paradoxal gera uma angústia ligada ao instinto de sobrevivência que Laing chamou de Angústia Ontológica.

A Angústia Ontológica é vivida como uma sensação de permanente ameaça de morte e destruição. E podemos resumir como: "Eu não sou acolhido e não pertenço, portanto, não posso ser visto ou pressentido e, se isso acontecer, serei aniquilado e destruído. Então tenho de viver, mas sem dar a impressão de que estou vivendo, e assim vivo me disfarçando".

Assim, a forma mais eficiente que o esquizóide encontra para evitar a angústia patológica é a de evitar o contato com as pessoas ou permitir esse contato estando devidamente protegido pelos seus mecanismos de defesa.

Sem os mecanismos de defesa, ocorreria um contato fusional em que o seu Eu se fundiria com o da outra pessoa, causando sua própria destruição.

Em seus estudos do esquizóide, Virgínia de Araújo Silva divide o contato fusional em três grandes grupos:

- Implosão – é a sensação de que o contato com o outro levaria a uma invasão descontrolada, destruindo o próprio Eu.
- Dissolução – é a sensação de que o contato com o outro levaria a uma desintegração e pulverização do próprio Eu.
- Absorção – é a sensação de que o contato com o outro produziria uma anulação, dominação e perda de identidade tal, que o Eu seria destruído.

Dessa forma, o esquizóide tem de mobilizar vários mecanismos de defesa para evitar o contato fusional. São defesas intrapsíquicas específicas que chamamos de defesas esquizóides.

MECANISMOS DE DEFESA NA PATOLOGIA ESQUIZÓIDE

O esquizóide vai lançar mão de todas as defesas já relatadas no capítulo anterior, mas gostaríamos de ressaltar alguns aspectos:

Defesas intrapsíquicas

As defesas intrapsíquicas aparecerão de acordo com o desenvolvimento dos modelos e das áreas, e ficam localizadas no Eu operativo e não no Eu observador. Uma das defesas intrapsíquicas mais mobilizadas é a defesa contrafóbica. A mobilização intensa de defesa contrafóbica está ligada a uma maneira de reagir com agressividade ao medo de ser destruído. Normalmente, é uma agressividade muito forte e desproporcional à ameaça, mas proporcional ao medo de destruição, chegando mesmo a ser uma fúria destrutiva. Essa fúria é uma forma que o esquizóide acaba encontrando para entrar na vida, vencer o medo e a sensação de não ter direito e se colocar no mundo pela força.

A mobilização da defesa contrafóbica é vista como um sinal de melhora do quadro esquizóide, na medida em que ele se impõe na vida, mesmo que de forma inadequada (agressiva).

Sistema de personagens

É um dos mecanismos de disfarce utilizados pelo esquizóide. Ao montar um personagem no Eu operativo, ele passa a se relacionar com o mundo por meio desse personagem, que pode ser um artista, uma caricatura, uma montagem pessoal ou até mesmo a cópia de uma pessoa. Dessa forma, o Eu observador fica protegido e sem risco de ser visto ou percebido. Virginia utiliza o termo de Personificação para esse processo de criar personagens. Utilizamos o nome de Impersonação (criado por Laing), como a situação de figura internalizada em bloco.

O sistema de personagens é um mecanismo semelhante ao processo de dissimulação e uma modalidade da defesa histérica.

Graças a ele, o esquizóide pode se relacionar e mesmo ter um padrão de relacionamento sem se expor. Quem se expõe é o personagem, evitando assim a possibilidade de um contato fusional.

Robotização

É um mecanismo em que o Eu observador dita para o Eu operativo todas as condutas e procedimentos que devem ser tomados. Com isso, ele estabelece um rígido controle mental das manifestações do Eu operativo, no intuito de expor apenas o essencial para não se sentir ameaçado. Com esse mecanismo defensivo, o indivíduo passa a ser pouco espontâneo e até mesmo robotizado em sua fala, expressões, ações e comportamentos, mas impede o contato fusional.

Coisificação/Petrificação

É um mecanismo defensivo localizado no Eu observador, no qual o esquizóide tem uma fantasia mágica de que o outro ou ele mesmo é constituído de pedra, plástico, palha, pano ou de qualquer outro tipo de material não humano. Dessa forma, fica estabelecida uma relação coisificada. É uma relação entre o Eu operativo e "uma coisa" ou, então, uma relação entre "uma coisa" e o Eu operativo. Dessa maneira, tem-se a ilusão de que a relação não é entre pessoas, e o terror do contato fusional é evitado.

Estratégia psicoterápica

Toda estratégia psicoterápica com o cliente esquizóide implica clareamento, entendimento e desmonte da sensação de "não pertencer".

A psicoterapia do esquizóide será igual às outras, no tocante à reorganização dos modelos e na delimitação das áreas. Isso implica a reformulação do conceito de identidade, no tratamento das Figuras de Mundo Interno, no desmonte das defesas intrapsíquicas e no desmonte dos vínculos compensatórios. Isso tudo está localizado no Eu operativo.

A grande diferença é que a sensação de não pertencer está localizada no Eu observador e não no Eu operativo.

Assim, vamos:

Tratar do Eu operativo

Isso significa tratar dos eventuais bloqueios que aconteceram no desenvolvimento dos modelos e na delimitação das áreas. Em outras palavras, tratar dos traços do ingeridor, do defecador e do urinador.

Tratar do Eu observador

Conscientizar, por meio de clareamento, a sensação de não pertencer e o medo do contato fusional.

Nesse clareamento é importante ressaltar que o não pertencer é decorrente de uma sensação de não-acolhimento ocorrida na fase intra-uterina e que ficou registrada como uma sensação cenestésica. E, também, que é uma sensação de ameaça desproporcional à realidade externa. É importante esclarecer que o medo de ser destruído é, na verdade, um medo de ser absorvido (contato fusional). É um medo da destruição psíquica do Eu, e não da destruição física. É também de fundamental importância a consciência de que todas as vivências, críticas ou elogios vão para os personagens e não para o verdadeiro Eu. Dessa forma, mesmo que o esquizóide seja aceito na vida, ele sempre fica com a sensação que o aceito foi o personagem e não ele.

Tratar da cisão entre o Eu observador e o Eu operativo

Uma vez clareada a cisão entre o Eu observador e o Eu operativo e o medo de ser visto e absorvido ligados à sensação de não pertencer, devemos estimular o cliente a ousar desobedecer a essa sensação de não pertencer e fazer o teste da realidade, isto é: tentar, de forma consciente, mostrar-se sem seus mecanismos defensivos esquizóides e experimentar a sensação de ser acolhido sem seus disfarces.

É um trabalho lento e deve ser repetido sempre que o esquizóide tentar se esconder ao omitir suas vontades, opiniões, percepções etc.

Na medida em que ele começa a experimentar o "se mostrar sem seus disfarces", isto é, desobedecer a sensação de não pertencer, ele vai acumulando vivências reais de ser aceito e acolhido pela vida.

Ao acumular as vivências de aceitação real pela vida, evidencia-se cada vez mais a desproporcionalidade da sensação de não pertencer em relação à vivência de pertencer.

Esse mecanismo de experimentação de viver e se expor, sem os disfarces, e a conseqüente vivência real de pertencer acabam por soldar a cisão do Eu.

Portanto, a cisão do Eu do esquizóide é feita pela contraposição da sensação cenestésica de não pertencer, adquirida na fase cenestésica intra-uterina, com a sensação de pertencer oriunda da experimentação externa, na vida real, sem os seus disfarces.

4. Psicopatologia e psicodinâmica do ingeridor

Ocorre quando a principal cota de psiquismo que não foi organizada e diferenciada localiza-se na formação do Modelo do Ingeridor. Desta forma, a Patologia Estrutural do ingeridor está relacionada tanto com a formação do Modelo do Ingeridor como com a delimitação das áreas corpo e ambiente. Pode ser correlacionada com quadros histéricos, fóbicos e de psicopatia histérica da psicopatologia clássica e com o caráter oral da bioenergética.

A Patologia Estrutural do ingeridor ocorre nas instâncias a seguir.

Modelo do Ingeridor

Lembremo-nos de que o mecanismo psicológico do Modelo do Ingeridor é o de incorporação, satisfação ou insatisfação de conteúdos do meio externo para o meio interno. A Patologia Estrutural estará ligada a uma dificuldade de receber e numa dificuldade de sentir satisfação com os conteúdos recebidos. Essa dificuldade é percebida sob a forma de sensações de ameaça, medo, sofrimento etc., ligadas a situações de receber quaisquer que sejam os conteúdos. Simultaneamente, ocorrem sensações de insatisfação em relação aos conteúdos incorporados. Seria como se o ingeridor não conseguisse sentir o que é estar satisfeito.

Lembremo-nos de que o receber tanto pode estar relacionado com o receber somático, caso dos distúrbios funcionais (comer muito, não engolir nada, enjoar, nausear etc.) como com o *receber psicológico* (ensinamentos, afetos, atenções, remunerações, cuidados etc.).

Cada vez que o ingeridor for receber, serão acionados o clima inibidor, a sensação de falta e a tensão crônica, que ficaram vinculados ao seu Modelo do Ingeridor.

Os climas inibidores mais comuns no ingeridor são: abandono, rejeição, medo, hostilidade, ansiedade e sofrimento, que serão acionados e sentidos, ligados ao ato de receber, o eu cria uma voracidade, um incômodo, uma angústia e até mesmo uma aversão por receber. Assim, o ingeridor passa a organizar sua vida evitando o receber e se tornando cada vez mais insatisfeito ou querendo receber cada vez mais e mais, na tentativa de sentir-se satisfeito.

ÁREA CORPO

A má delimitação da área corpo vai produzir uma dificuldade de identificar e discriminar os sentimentos, o que faz que o ingeridor tenha dificuldades de sentir quais os seus verdadeiros sentimentos.

Área Ambiente

A má delimitação da área ambiente produzirá uma dificuldade de percepção, e isso fará que o ingeridor não identifique corretamente suas percepções: nem as do outro nem as de si mesmo (autopercepção).

Dessa forma, o ingeridor tende a confundir seus pensamentos e suas percepções.

Por exemplo: ao ter inveja (sentimento), passa a não reconhecê-la como sentimento seu, e sim a percebê-la nos outros. Ou, então, tem um desejo (por exemplo, sexual) e não o identifica como seu, mas sim dos outros. Pode, ainda, ao ser informado de uma tragédia com alguém (percepção), passar a senti-la como sua (sentimento).

A Patologia Psicológica vai produzir no conceito de identidade as seguintes características: o ingeridor terá sempre uma postura de que faltou receber algo e, em conseqüência disso, passa a ter uma relação como se o mundo e o outro lhe devessem algo. Assume uma postura de vítima ou de revolta, como alguém que tem algo a receber e não está recebendo. Todos os seus problemas se reduzem a uma postura de que "alguém não me deu, não providenciou ou não colaborou comigo", que o isenta da responsabilidade de ele mesmo conseguir, com seus esforços, atingir seus objetivos.

Sua atitude é a do eterno pedinte, exigente reivindicador, que quer sempre receber algo mais. Passa a desenvolver uma baixa auto-estima ligada a uma sensação permanente de rejeição e menos-valia pelo fato de não ter sido suficientemente bem cuidado como bebê.

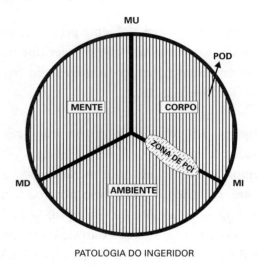

PATOLOGIA DO INGERIDOR

O reconhecimento do ingeridor, no *setting* terapêutico, é feito por:

Discurso

O discurso é formado por dois grandes blocos de argumentos:

1. Seus problemas ocorrem porque alguém não fez, não deu ou não possibilitou que ele tivesse meios para resolvê-los. É um discurso de queixa e reclamação contra alguém ou contra o mundo, que não o proveu dos recursos necessá-

rios. Essa queixa pode vir seguida de cobrança ou mesmo de exigência de receber aquilo que ele acredita como seu, de direito.
2. Ele quer revolver seus problemas, mas não consegue. Dessa forma, alguém tem de resolvê-los para ele. Esse "não conseguir" não é seguido do empenho e do esforço necessários para tal. Podemos dizer, então, que o real significado é "não quero" e não "não consigo". O que realmente quer é não ter de fazer nenhum esforço, ou seja, receber de graça.

Além dos argumentos encontraremos "um discurso centrado no outro". Isso significa que as referências, vontades, opiniões e valores que são levados em conta são os do outro e não os do próprio cliente.

Ele está sempre nos contando o que o outro acha disso ou daquilo, o que o outro acredita ou não, e nunca o que ele mesmo sente, pensa ou acredita a respeito disto ou daquilo. Em outras palavras, ele se omite em função do outro.

O discurso do ingeridor acaba tendo como eixo central a queixa, a reclamação e a cobrança daquilo que o outro não deu, que o outro não fez e que o outro não providenciou aquilo de que ele necessitava. Dessa maneira, ele se acomoda e se desobriga de tomar qualquer outra providência. E a principal justificativa passa a ser o "não consigo", que na maior parte das vezes é, na realidade, um não tentar e um não se empenhar para conseguir. Podemos dizer que o ingeridor guarda um grande ressentimento por não ter sido amado ou protegido pela mãe ou por sua substituta, e passa a vida tentando descontar essa dívida nos outros e no mundo.

Ele passa a ter uma relação com os objetos, em que o "objeto mau" está dentro e o "objeto bom" está fora.

Na forma mais fóbica do ingeridor, tanto o "objeto bom" como o "objeto mau" estão fora, portanto, ele se omite em tomar qualquer tipo de posição ou de iniciativa.

Dentro dessa dinâmica psíquica, o ingeridor se apresenta como incapaz ou incompetente para resolver seus próprios problemas, e espera que o outro seja sempre mais capaz ou mais competente para isso.

Angústia patológica

Relaciona-se com a postura de "assumir-se", "de responsabilizar-se por si mesmo", querendo sempre ser assumido ou adotado por alguém. É também ligada ao "sentir", ao entrar em contato com os sentimentos, principalmente de rejeição e abandono. Evita entrar em contato com as posturas e os sentimentos que o tirem do papel de vítima. Tem dificuldade de identificar as próprias vontades e, quando as identifica, não as assume.

Proposta de relação

É a proposta de relação complementar interna patológica que faz na vida e no *setting* e que pode ser resumida como: "eu não sou responsável por cuidar dos meus interesses, sejam eles físicos, psíquicos, sociais, afetivos ou materiais". O responsável é sempre o outro e, no *setting*, acaba sendo o próprio terapeuta.

Isso significa uma postura de "ser adotado" pelo outro ou pelo próprio terapeuta.

Tem, ainda, como proposta de terapia, a de que deseja a mudança, mas não faz nenhuma proposta ou esforço para que ela ocorra; espera que venha "de graça" ou pela mão de alguém.

Principais mecanismos defensivos

O ingeridor utiliza-se de todos os mecanismos defensivos já descritos no capítulo 2. Nos processos de racionalização e justificativas, predominam as explicações (área mente).

O ingeridor utiliza-se das seguintes defesas intrapsíquicas:

CONVERSIVA

É uma defesa da área corpo (sentimentos) e ligada ao Modelo do Ingeridor. A essência da defesa conversiva é a transformação dos conteúdos emocionais excluídos em manifestações físicas, sob a forma de sintomas corporais. É uma defesa intimista que, se o cliente não avisa que a sente, torna-se mais difícil ao terapeuta identificá-la.

HISTÉRICA

É o equivalente da defesa conversiva transformada em comportamento social. Sua essência é o drama. O cliente, com a defesa histérica, passa a ter uma fala carregada de dramaticidade e, muitas vezes, se comove a si mesmo. Fala dos sentimentos, mas, na verdade, não os está sentindo. Não comove o terapeuta e muitas vezes chega a causar certa irritação. A sensação do terapeuta é a de estar assistindo a um drama e não a de interagir com o cliente.

FÓBICA

É uma defesa da área ambiente (percepção) ligada ao Modelo do Ingeridor. A essência da defesa fóbica é o distanciamento afetivo da situação ou do ambiente externo em que está projetado o desejo ou a situação evitada. O indivíduo não entra em contato com o material evitado, que será despertado ou está projetado em determinado ambiente.

CONTRAFÓBICA

É uma variante da defesa fóbica e sua essência consiste em uma postura de enfrentamento, invasão ou mesmo de exposição agressiva em relação à situação evitada ou ao ambiente externo em que está projetado o desejo ou os sentimentos evitados. Ao contrário de fugir e evitar, como na defesa fóbica, a tendência do indivíduo na defesa contrafóbica é agir de forma agressiva e acintosa contra o objeto temido. Quando esse objeto é uma pessoa ou o terapeuta, a tendência é a de acuá-lo e amedrontá-lo. O outro passa a sentir o medo e o constrangimento que o indivíduo com defesa contrafóbica deveria sentir, mas não sente.

PSICOPÁTICA HISTÉRICA

É também uma variante da defesa contrafóbica, e sua essência é a de fazer que o outro sinta os sentimentos que ele deveria sentir. Assim, o outro passa, de forma inexplicável, a sentir, expressar e atuar emoções que, na verdade, não são dele, e sim do outro. O indivíduo, com a defesa psicopática histérica, aparenta estar sempre frio de emoções (passou-as para o outro).

Em relação às defesas dissociativas, o ingeridor utiliza a dissociação mente-corpo.

Essa defesa consiste de uma desconexão entre o pensar (mente) e o sentir (corpo), de tal modo que aquilo que o indivíduo está pensando e falando está desconectado do que ele está sentindo. É uma fala sem emoção, mesmo que o conteúdo seja fortemente emotivo, e passa para o outro uma sensação de irrealidade.

Quanto aos distúrbios funcionais, os mais comuns são:

- A utilização do Papel Psicossomático de Ingeridor no lugar do Modelo Psicológico do Ingeridor. Nesse caso, o mais comum é o não somático dos quadros de anorexia nervosa. Em vez de o indivíduo conseguir dizer o não psicológico, passa a não comer, a não ter apetite ou chega até o ato de engolir a comida. É comum, também, a ocorrência de eructações, náuseas ou vômitos numa manifestação somática de rejeitar os "sapos engolidos".
- As ações com 2ª intenção (vicariâncias), do Modelo Psicológico ou do Papel Psicossomático do Ingeridor no Urinador ou no Defecador.

Em relação à vicariância do Modelo Psicológico do Ingeridor no do Urinador, o indivíduo planeja e executa vários tipos de ação com a única intenção de receber ou de chamar a atenção para si mesmo.

Quanto ao Papel Psicossomático, o mais comum é o encontrado na ninfomaníaca (mulher) ou no garanhão (homem). Existe uma exacerbação da atividade sexual com características orais (voracidade e insatisfação) do que realmente de energia sexual genital. Dizemos que mamam com a vagina ou com o pênis. Na realidade, procuram satisfação de colo, e não satisfação de tesão sexual nos parceiros.

A vicariância do Modelo Psicológico do Ingeridor no Modelo Psicológico do Defecador ocorre quando o indivíduo utiliza a sua capacidade de criação, elaboração, expressão e comunicação exclusivamente para receber atenção e não para expressar seus conteúdos interiores. Embora seja menos comum, o indivíduo pode utilizar-se do Papel Psicossomático (cólicas, gases ou diarréias), com o intuito de receber atenção.

Quanto ao vínculo compensatório do ingeridor, a função delegada é a de cuidado e proteção. Pode ser enunciado como "a responsabilidade de cuidar e protegê-los dos meus interesses materiais, afetivos, sexuais, sociais etc., passa a ser do outro e não de mim mesmo".

5. Psicopatologia e psicodinâmica do defecador

Ocorre quando a principal cota de psiquismo que não foi organizada e diferenciada fica localizada na formação do Modelo do Defecador. A Patologia Estrutural do defecador está relacionada tanto com a formação do Modelo do Defecador como com a delimitação das áreas ambiente e da área mente. Pode ser relacionado como quadros: depressivos, psicopáticos atuadores, maníacos e paranóides da psicopatologia clássica.

A Patologia Estrutural do defecador ocorre no:

MODELO DO DEFECADOR

Lembremo-nos de que o mecanismo psicológico do Modelo do Defecador é o de criar, elaborar, expressar e comunicar conteúdos internos para o meio externo. A Patologia Estrutural estará ligada a dificuldades na criatividade, na capacidade de elaboração, na expressividade e na capacidade de comunicação dos pensamentos, sentimentos, percepções e intenções desse indivíduo para com o mundo externo. Esses bloqueios acontecem tanto no modelo como um todo, como também em partes do modelo. A conseqüência final é a de que o defecador está sempre "entupido" nas suas comunicações, tanto consigo mesmo quanto com os outros.

Ou ele não consegue criar e elaborar as suas próprias vivências, ou não consegue expressar e comunicar essas vivências aos outros.

A tendência é a de que, cada vez que o Modelo do Defecador for acionado, surjam os climas inibidores vinculados a esse modelo, criando incômodo, angústia e aversão. A tendência passa a ser a de evitar a utilização desse modelo.

Os climas inibidores mais comuns, vinculados ao Modelo do Defecador, são todos aqueles citados no do Ingeridor, acrescidos dos de opressão, limitação e dominação.

Esses climas inibidores podem comprometer mais a parte intimista do modelo, que é a do pensamento (criação e elaboração). Nesses casos, o indivíduo terá angústia, incômodo, medo, aversão etc. de utilizar sua criatividade e sua elaboração. Ele sente angústia e medo de pensar!

Além disso, a expressão e a comunicação podem ficar comprometidas, produzindo incômodo, medo e angústia cada vez que ele aciona a parte de se expressar, se expor ou de comunicar seus conteúdos.

Lembremos também do comprometimento da parte psicossomática em que surgem os distúrbios funcionais e, em vez de o indivíduo criar, elaborar, expressar e comunicar seus conteúdos internos, passa a apresentar sintomas somáticos no lugar dos psicológicos, como cólicas, diarréias, gases etc.

- Área ambiente – a má delimitação da área ambiente produzirá uma dificuldade de percepção do outro e de si mesmo em relação ao outro.
- Área mente – a má delimitação da área mente dificultará ao defecador conseguir de maneira clara as explicações tanto para suas atitudes, suas posturas e seus sentimentos como para com os dos outros.

Dessa maneira, vamos encontrar, no defecador, uma tendência a confundir os pensamentos com a percepção. Por exemplo, o defecador pode pensar que está sendo perseguido ou que existe algum tipo de hostilidade contra ele e começar a perceber (interpretar) atitudes ou posturas dos outros como de perseguição ou de hostilidade. Ou, então, perceber uma situação estranha ou tensa e pensar que é com ele, ou por algo que fez ou falou.

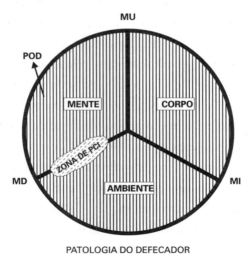

PATOLOGIA DO DEFECADOR

A Patologia Psicológica produzirá, no conceito de identidade, as seguintes características:

Conceito de identidade

O defecador tem sempre a postura de que o culpado pelas suas eventuais falhas é o outro. Ele se vê com boa vontade e sempre disponível para realizar coisas e colaborar com os outros, mas não o faz porque é impedido, atrapalhado ou mesmo boicotado pelos outros e pelo mundo. Passa a ter uma postura de vítima, onde o mundo e os outros estão na posição de carrascos. Vive se justificando ou acusando o outro por todas as falhas. Assume o objeto bom como seu e o objeto ruim como do outro. Está sempre criticando e avaliando a postura dos outros, mas nunca se auto-avalia e raramente faz uma autocrítica verdadeira.

Discurso

O discurso do defecador é caracterizado por ser centrado nas situações. É um relato descritivo dos acontecimentos, isento de opiniões e avaliações. A avaliação fica por conta do interlocutor. É geralmente um relato acusatório do tipo carrasco/vítima, onde o defecador é sempre a vítima. Existe uma tendência para o discurso em manchete. Chamamos de discurso em manchete o discurso onde se relatam fatos, mas inexistem as explicações e os porquês de esses fatos acontecerem. É uma marca registrada do discurso do defecador. Notamos sempre um discurso em que o defecador evita emitir sua opinião, suas intenções e sua avaliação sobre os acontecimentos, deixando esse julgamento de valores para o outro ou para o terapeuta.

Proposta de relação – é uma proposta de relação interna patológica na qual a responsabilidade de avaliação e julgamento das atitudes e posturas do defecador fica a cargo do outro e não dele próprio. Dizemos que a função delegada é a de autojulgamento e auto-avaliação. Tem como proposta, na terapia, o seguinte: se o outro mudar, deixar de ser implicante ou cerceador, seus problemas estarão resolvidos.

Angústia patológica

Os principais pontos que mobilizam a angústia patológica do defecador são as funções ligadas à auto-avaliação e ao julgamento de suas próprias ações e atitudes. Muitas vezes a angústia patológica está relacionada com expor e expressar sua intimidade, suas opiniões, pensamentos, sentimentos e intenções. Outras vezes, a angústia patológica está mais relacionada com funções mais intimistas, como criar e elaborar seus próprios conteúdos internos.

PRINCIPAIS MECANISMOS DEFENSIVOS

O defecador utiliza-se de todos os mecanismos defensivos já descritos no capítulo 2. Nos processos de racionalizações e justificativas predominam os sentimentos (área corpo).

As defesas intrapsíquicas são:

Defesa de atuação

É uma defesa relacionada à área ambiente (percepção). Sua essência é provocar, no ambiente externo ou no outro, algum tipo de reação que o indivíduo deseja, mas não tem consciência clara desse desejo. O defecador age diretamente sobre suas emoções ou necessidades sem tomar conhecimento racional delas. Com isso, provoca situações no outro e no mundo externo e com base na reação deles é que ele acaba por tomar conhecimento de suas intenções ou desejos.

Defesa de idéia depressiva

É uma defesa ligada à área mente (explicação), e sua essência é um debate consigo mesmo, uma aparente elaboração sem fim sobre um ou muitos temas. É uma forma de ocupar o pensamento de forma improdutiva, desviando-o dos temas de real importância. Esse debate sem fim pode ser intimista, só no pensamento do indivíduo, ou pode vir para a relação com o outro. Neste caso, ele provoca uma discussão sem fim com o outro, que não chega a lugar nenhum.

Defesa paranóide

É ligada à defesa de idéia depressiva. Embora seja uma defesa psicótica, é comum aparecer em defecadores mais graves. Sua essência é um debate e uma elaboração sem fim a respeito das atitudes e intenções do outro. É uma forma de não se voltar para si mesmo (ver capítulo 8, sobre esquizofrenia).

Quanto às defesas dissociativas, o defecador apresentará uma dissociação corpo-mente. Nesse caso, vai existir uma desconexão entre o que ele sente (área corpo) e o que ele pensa (área mente). O defecador dissociado pode estar carregado de conteúdos emocionais, mas não consegue entrar em contato consciente com eles. Dizemos que ele não consegue ter um *insight* sobre si mesmo. Muitas vezes, esse tipo de defesa faz que o indivíduo se sinta burro ou seja rotulado como tal.

Os principais distúrbios funcionais são:

- A utilização do Papel Psicossomático do Defecador no lugar do Modelo Psicológico. Suas principais manifestações acontecem no trato do intestino grosso, tais como: diarréias, gases, flatulências e cólicas, em substituição à expressão e à comunicação dos diversos conteúdos afetivos.
- Nas ações por 2ª intenção (vicariância) encontraremos vicariância do Modelo e Papel do Defecador nos Modelos e Papéis do Ingeridor e do Urinador.
- Na vicariância do ingeridor, o indivíduo passa a solicitar, pedir e querer receber, quando na realidade está enviando algum tipo de mensagem ou expressando algum tipo de conteúdo.
- Na vicariância do urinador, ele planeja e executa ações de forma ansiosa e, muitas vezes, acelerada, mas a sua verdadeira intenção é a de mandar mensagens ou expressar conteúdos. É o que acontece nas situações de hipomania ou mesmo as de mania.

6. Psicopatologia e psicodinâmica do urinador

A patologia do urinador é a conseqüência da não organização e da diferenciação do psiquismo ligado ao Modelo do Urinador e à delimitação das áreas mente e corpo. Está ligado às patologias dos quadros obsessivos e compulsivos.

PATOLOGIA ESTRUTURAL

A Patologia Estrutural comprometerá o mecanismo de fantasiar, planejar, controlar, decidir e executar ações no ambiente externo que gratifiquem desejos ou necessidades internas.

Lembremo-nos de que o Modelo do Urinador tem uma parte mais intimista, ligada à área mental, que é a de fantasiar e planejar (pensar), e outra, relacionada à área corpo, que é a de ação no ambiente externo. Quando separamos e integramos ambas, temos: o controle da vontade vinculado estruturalmente ao esfíncter urinário, à parte estriada do esfíncter anal e ao bloco muscular laríngeo (que também se desenvolve nessa fase, e diz respeito aos distúrbios da fala, principalmente à gagueira).

Parte mental do modelo

FANTASIA

Ela nos informa o desejo ou a necessidade do Eu do indivíduo. Sempre que precisamos pesquisar onde andam os desejos ou as necessidades de nosso cliente, devemos pesquisar suas fantasias. Por exemplo: uma fantasia masculina de ser alvo de desejo de muitas mulheres.

DEVANEIO

É uma organização da fantasia, em que se estruturam várias histórias, que permitem dar vazão ao desejo ou à necessidade expressos na fantasia. A história do devaneio termina quando se realiza, no fantástico, o desejo. Seguindo o exemplo, nosso cliente pode ter um devaneio de que "descobre que é um sultão e que, com isso, pode ter um grande harém, com muitas mulheres". Esse devaneio erótico é rico em detalhes, e termina quando ele consegue seu intento: estar rodeado de mulheres! Em seguida, começa a ter outro devaneio: "É um pesquisador na floresta amazônica e descobre uma tribo onde só existem mulheres. Elas o adotam como rei e ele passa a desfrutar de todas essas mulheres". Novamente, esse devaneio termina ao atingir seu intento: "estar novamente cercado de mulheres". E assim por diante, na tentativa de descarregar seu desejo.

PLANEJAMENTO

É o planejamento propriamente dito, onde o indivíduo analisa e traça estratégias reais para atingir seu objetivo, seja ele de desejo ou de necessidade. No nosso exemplo, seria: uma avaliação concreta das mulheres possíveis com as quais ele poderia tentar se relacionar. É a redução, para níveis de realidade, daquilo que foi vivenciado na fantasia e no devaneio.

CONTROLE DA VONTADE

É a capacidade de reter o impulso de realização dos desejos e das necessidades até o momento de iniciar o processo de execução. No nosso exemplo, seria o processo de contenção da vontade de abordar as mulheres identificadas como possíveis em seu planejamento.

Parte de ação do modelo

DECISÃO

É um momento de introspecção, que libera o início da ação no ambiente externo. Está ligado, na estrutura somática, à decisão da abertura do esfíncter. No nosso exemplo é quando ele chega à conclusão de que é o momento adequado para abordar essas mulheres desejadas.

EXECUÇÃO

É a ação que ele vai desenvolver no ambiente externo para viabilizar seus desejos e necessidades. No nosso exemplo, seria a paquera e a abordagem a essas mulheres.

CLIMAS INIBIDORES

Climas inibidores incorporados ficarão acoplados às características estruturais do Modelo do Urinador, e causarão bloqueios tanto na parte mental (pensar) como na corporal (agir) ou em ambas. Os climas inibidores são os mesmos já citados na formação do Modelo do Ingeridor e do Defecador, acrescidos dos climas de contenção, proibição e punição. Junto com os climas inibidores, teremos também a incorporação de características familiares. Essas características familiares não são climas inibidores, mas podem funcionar de forma semelhante, atrapalhando o exercício do modelo. Veremos isso com mais detalhes no capítulo 7, a respeito das figuras internalizadas em bloco (*borderline*).

BLOQUEIOS

Os bloqueios ocorrem:

- Na parte mental do modelo – neste caso, o indivíduo passa a ter dificuldade de identificar, fantasiar, devanear seus desejos e necessidades e conseqüentemente de planejar suas ações. Tende a sentir os desejos e necessidades e agir direto, sem planejamento e até sem consciência daquilo que é desejado. Muitas vezes o bloqueio atinge somente o planejamento. Nesses casos, o indivíduo age em cima da fantasia e do devaneio, sem a avaliação correta da realidade. No nosso exemplo, seria: ele abordar as mulheres desejadas sem uma estratégia e sem nenhuma avaliação correta de suas reais oportunidades. É um indivíduo considerado impulsivo, o qual denominamos urinador uretral.
- No controle da vontade – é quando o indivíduo, independentemente de planejar ou não suas ações, simples-

mente não agüenta esperar e se auto-atropela nas suas execuções. Esse não agüentar é uma dificuldade ligada à sensação de reter algo, e ligada (obediência ou rebeldia) aos climas inibidores de contenção, proibição e punição. Em outros casos existe exatamente o contrário: espera demais, tem medo ou proibição de passar ao processo de execução e se atém muito à fantasia ou ao devaneio.

- Na parte corporal do modelo – é quando o bloqueio ocorre no processo de decidir e agir. O indivíduo passa a ter grande dificuldade de dar início ao processo da ação, mesmo que ela esteja exaustivamente planejada. Neste caso, o bloqueio atinge mais o processo decisório, o que acarreta uma eterna dúvida de "quando" seria o momento adequado. Quando o bloqueio atinge mais o processo de execução, acaba por sair de forma estabanada e sem um rumo de ação. No nosso exemplo, seria o indivíduo que fica num processo de dúvida, detalhista, ligado ao planejamento, retardando ou até impedindo a execução. Chamamos esse tipo de indivíduo de urinador vesical.

Área mente

Está ligada à parte mental do modelo e tende a se confundir com a área corpo, o que cria uma confusão entre o pensar e o agir. Essa confusão é ligada ao pensamento mágico. O indivíduo tem a sensação de que o simples fato de pensar funciona como se tivesse agido. No nosso exemplo, é como se ele tivesse pensado em abordar determinada mulher e na sua conseqüente rejeição. Ele começa a sentir-se embaraçado ou envergonhado, como se isso tivesse acontecido de fato e não simplesmente em pensamento.

Área corpo

É ligada à parte corporal (ação) do modelo e tende a causar confusão entre o agir e o pensar. No nosso exemplo, ele "simplesmente conversa com a mulher desejada" e passa a criar uma enorme fantasia e expectativa de romance com ela. Na verdade, a ação de conversar foi confundida com todo o desejo que estava fantasiado (pensado).

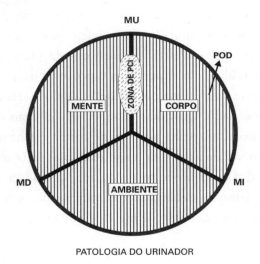

PATOLOGIA DO URINADOR

PATOLOGIA PSICOLÓGICA

A Patologia Psicológica vai ocasionar, no conceito de identidade, as seguintes características:

É um indivíduo que passa a ter, o tempo todo, uma atitude de avaliação e comparação entre ele e os outros. Está sempre "conversando consigo mesmo". Está sempre avaliando seus sentimentos, pensamentos e percepções em relação aos outros, e tem a si próprio como referência. Tende a ser organizado e sistemático e a cobrar isso com os outros. Tanto os objetos bons como os maus estão internalizados. Não vem para a terapia com uma proposta de mudança, e sim com a intenção de aprimorar-se para estar cada vez mais correto em suas posições. Com freqüência tenta convencer o terapeuta para tê-lo como aliado em suas posições.

Discurso

É um discurso do tipo relatório, em que presta conta dos temas discutidos nas sessões. Tende a ser um discurso de fazer-se de coitado: "tudo fica nas minhas costas". É cheio de comparações, avaliações e críticas em relação aos outros e muitas vezes em relação a si mesmo. É um discurso centrado no Eu, isto é, tende a ter suas próprias opiniões como padrão de referência. São constantes as queixas de dúvidas, insegurança e medo.

Proposta de relação interna patológica

Tende a não assumir a responsabilidade de orientar a própria vida ao delegar a responsabilidade dessa função para o outro ou para o terapeuta.

Angústia patológica

No urinador uretral a angústia patológica fica ligada ao pensar, no sentido de refletir e avaliar as conseqüências e implicações de suas ações. No urinador vesical a angústia patológica está no assumir os riscos de agir, modificar o ambiente externo, determinar rumos e objetivos. Também está ligada aos processos de escolha e decisão. Em assumir as próprias posições e escolhas. A angústia também está ligada à perda de controle e à impotência.

Principais mecanismos defensivos

O urinador utiliza todos os mecanismos defensivos já descritos no capítulo 2.

Nas defesas conscientes e de racionalização, predominam as características da área ambiente (percepção). Costuma ter mais dificuldade que os outros em deixar o terapeuta assumir o controle da sessão.

As defesas intrapsíquicas são:

DEFESA DE IDÉIAS OBSESSIVAS

É uma defesa ligada à área mente e consiste em pensamentos repetitivos e improdutivos cuja única função é criar uma barreira mental, que impede que os verdadeiros pensamentos aflorem à consciência. Muitas vezes, esses pensamentos tomam a forma de músicas repetitivas, somar números, contar coisas, ensaiar discursos, repetir frases, criar fantasias repetidas etc.

No *setting* terapêutico, que pelo seu próprio enquadre já é ritualizado, as idéias obsessivas e os rituais compulsivos tomam a forma de uma conversa seqüenciada e repetida, de modo que uma sessão praticamente não se diferencia da outra no tocante aos temas. Chamamos de "novela das oito". Os temas e as sessões repetem-se, tendo-se a impressão de que são diferentes, mas, numa observação mais atenta, percebe-se que são idênticas. Não se saiu do lugar.

DEFESAS DE RITUAIS COMPULSIVOS

É uma defesa ligada à área corpo e consiste numa série de ações ilógicas, inconseqüentes e repetitivas, cuja única função é a de substituir, por essas ações, as verdadeiras ações, desejadas ou necessitadas. Na maioria das vezes, a ação de conferência está ligada a uma idéia de ameaça ou tragédia, e a ação compulsiva passa a sensação temporária de que a ameaça foi evitada. Por exemplo, verificar repetidas vezes se a porta está trancada para evitar invasões, se o gás do fogão está fechado para evitar um incêndio, se brecou o carro para evitar que ele desça a ladeira etc.

DEFESAS DISSOCIATIVAS

O urinador tende a apresentar uma dissociação entre o sentir/pensar e o perceber, ou seja, entre as áreas mente e corpo *versus* área ambiente.

Nesses casos, passa a ter a sua percepção como parâmetro, e colocando-se como observador crítico dos outros e de tudo, como se ele não fizesse parte desse todo. É como se estivesse olhando para fora de si mesmo o tempo todo. Quando fala de si mesmo, não se coloca interagindo com os demais.

Principais distúrbios funcionais

A utilização do Papel Somático do Urinador em substituição ao Modelo Psicológico do Urinador. Aparecem principalmente ligados ao trato urinário (micções muito freqüentes, cólicas de ureteres, sensação de pressão vesical etc.). Aparecem também ligadas aos esfíncteres vesical e anal (estriado) com sintomas principalmente de retenção e contrações freqüentes. Também surgem no bloco muscular laríngeo do aparelho de fonação. O bloco laríngeo não é um esfíncter propriamente dito, mas funciona como tal para produzir e modular os sons. A fala acontece durante a formação do Modelo do Urinador. O sintoma mais freqüente é a gagueira. A masturbação compulsiva e o orgasmo também aparecem como distúrbios funcionais, no sentido de liberar tensões e angústias e não como funções eróticas.

Nas ações de 2ª intenção (vicariância), teremos a vicariância do Modelo do Urinador tanto no Modelo do Ingeridor como no do Defecador.

A situação mais comum de vicariância no ingeridor é quando o indivíduo, por dificuldade de planejar e executar sua atividade profissional (dinâmica do urinador), passa a preparar-se eternamente para isso, fazendo cursos e mais cursos (dinâmica do ingeridor). Com isso, vira um estudante profissional, sempre estudando (ingerir) para um dia exercer (agir).

A situação mais comum de vicariância no defecador é quando o indivíduo, por dificuldade de planejar e executar (urinador), passa a falar, a expressar e comunicar sistematicamente seus planos e intenções (defecador). Fala em vez de fazer.

7. Psicopatologia e psicodinâmica *do* borderline

Entendemos o *borderline*, na análise psicodramática, como aquele indivíduo que, independentemente de ser um ingeridor, defecador ou urinador, apresenta uma Figura de Mundo Interno que foi internalizada em bloco. E é essa figura internalizada em bloco que acaba por dirigir, dominar e influenciar suas atitudes e até mesmo o rumo da sua vida.

Lembremo-nos um pouco o que é uma figura internalizada em bloco. No final da fase cenestésica e durante a formação do Modelo do Urinador (de um ano aos dois anos e meio de idade) teremos a fixação de todo o clima afetivo internalizado (facilitador ou inibidor) nesse modelo. Além do clima afetivo internalizado, há a assimilação de um "jeitão familiar". Essa assimilação acontece pelo princípio da imitação e, portanto, está mais relacionada com mecanismos do aprendizado.

Essa assimilação está relacionada à incorporação dos modelos dos adultos que convivem com a criança, principalmente pai, mãe, babá, avós etc. Nessa fase, a criança passa não só a incorporar o clima afetivo dos modelos, mas, também, características dos modelos, tais como o "jeitão de ser".

Temos então, na fase do Modelo do Urinador, um clima afetivo fixado do Modelo do Urinador e um clima (jeitão familiar) assimilado dentro do psiquismo como um todo. Como isso ocorre antes do advento do ego, esse "jeitão familiar" ficará impresso na estrutura básica da personalidade. Esse "jeitão familiar" abrange: expressões faciais, gestos, forma de falar, atitudes, sotaques etc. Algumas famílias apresentam características muito intensas, que vêm da família como um todo ou de algum membro muito preponderante na dinâmica familiar. Essas características podem ser descritas como: cobranças, exigências, descrédito, desconfiança, maledicência, intrigas, pessimismo, otimismo, imposição etc.

Elas acabam assimiladas nessa fase, e passam a fazer parte da estrutura de personalidade desse indivíduo.

A essa assimilação damos o nome de figura internalizada em bloco. Como já foi dito, o "jeitão familiar" irá compor a personalidade desse indivíduo e, em alguns casos, esse "jeitão familiar" pode se sobrepor à personalidade do indivíduo.

Essa sobreposição acaba por transformar a personalidade num tipo de divisão interna, em que temos: de um lado, o verdadeiro Eu do indivíduo, submetido ou profundamente influenciado; do outro, a figura internalizada em bloco ("jeitão familiar" assimilado).

Dependendo da intensidade dessa assimilação, essa figura internalizada em bloco pode interferir de modo profundo no desenvolvimento psicológico posterior, o que cria uma forte desorganização no conceito de identidade desse indivíduo.

PATOLOGIA ESTRUTURAL DO BORDERLINE

Entendemos a Patologia Estrutural do *borderline* como uma assimilação maciça de características psicológicas familiares, na fase do Modelo do Urinador, antes do advento do ego. Como já vimos, essa assimilação ocorre normalmente, mas podemos considerá-la patológica quando é tão intensa que interfere ou sufoca o verdadeiro Eu do indivíduo.

Vimos, também, que essa assimilação, embora ocorra durante o Modelo do Urinador, não se restringe a ficar incorporada a esse modelo, e, sim, à personalidade do indivíduo como um todo. Dessa forma encontraremos *borderline*s que têm mais características do ingeridor, do defecador ou do urinador.

Entendemos que essa intensidade de assimilação acontece quando os traços familiares são muito intensos e marcantes. Por exemplo, uma família na qual o pai, tirânico e cobrador, é uma figura que lidera e impõe sua marca em todo contexto familiar. Esse "jeitão de ser" (tirânico e cobrador) passa a ser a forma de funcionamento da família. Nossa criança (na fase do urinador) acaba por assimilar e incorporar esse "jeitão de ser" à sua estrutura psicológica, independentemente do seu desenvolvimento até aquele momento. Teremos aqui uma figura internalizada em bloco, a qual passaremos a chamar posteriormente de "cobrador interno".

Ou, podemos ver o caso de uma mãe, depressiva e pessimista, cujo "jeito de ser" acaba por contaminar todo o funcionamento dinâmico dessa família. Nossa criança pode assimilar esse "jeitão de ser" de forma maciça e intensa em sua estrutura de personalidade. Teremos, aqui, uma figura internalizada em bloco, que mais tarde poderemos chamar de "brochador interno".

Patologia psicológica

Lembremo-nos de que o advento do ego marca o início do desenvolvimento psicológico, ao redor de dois anos e meio, três anos de idade. No início, de forma mais intuitiva e, depois, de forma francamente psicológica, organizando o conceito de identidade.

Lembremo-nos também de que o conceito de identidade precisa ter "uma certa coerência" e, para que isso aconteça, o psiquismo lança mão de dois mecanismos defensivos:

- A exclusão do material psicológico (vivências) que se choca de maneira frontal com o conceito de identidade que está se formando. Isso forma a 2ª zona de exclusão e será responsável, posteriormente, pelas divisões internas.
- O mecanismo das justificativas, em que o material psicológico, que se choca frontalmente com o conceito de identidade, permanece no POD, desde que ligado às suas justificativas (racionalizações). Isso gera o conceito de material justificado.

O indivíduo que tem uma figura internalizada em bloco incorporará, como qualquer outro indivíduo, os conceitos morais vigentes na sua educação e também os modelos das pessoas com as quais convive, as quais admira ou das quais depende. Vai também fixar suas próprias vivências internas (desejos, percepções, sentimentos, intenções, pensamentos etc.) e também os seus conceitos morais, fruto de sua própria vivência. O somatório e a organização dos conceitos morais adquiridos e internalizados, dos modelos internalizados, a fixação das próprias vivências e a fixação dos próprios conceitos morais formam o conceito de identidade.

Dessa forma, o indivíduo com a figura internalizada em bloco apresenta a mesma formação do conceito de identidade de um indivíduo normal. A grande diferença é que todas essas vivências que formam o conceito de identidade são permanentemente contrapostas com a figura internalizada em bloco.

Nos exemplos citados anteriormente, teríamos: "Eu quero muito fazer a viagem com os colegas da escola, mas acho que não vai dar certo (brochador)", ou "Eu acredito que, se eu estudar bastante, conseguirei ser um cientista, mas acho que isso é uma bobagem (brochador)". "Eu sei que sou um bom estudante e minhas médias são ótimas, mas isso não é o suficiente, preciso estudar muito mais (cobrador)." "Gostaria muito de ir ao baile com os colegas da escola, mas é melhor ficar estudando (cobrador)."

Aquilo que para um indivíduo normal seria apenas uma divisão interna (desejos, vontades e necessidades *versus* conceitos morais adquiridos) passa a ser, no *borderline*, uma vivência constante dentro do seu Eu.

Podemos dizer que o conceito de identidade do *borderline* é dividido e conflitado.

Dessa forma, em vez de termos uma divisão interna entre conceito de identidade vigente *versus* material excluído na 2ª zona de exclusão, vamos ter uma divisão dentro do próprio conceito de identidade. Essa divisão vai ser entre conceito de identidade vigente *versus* figura de mundo interno, independentemente do material excluído na 2ª zona. Podemos dizer que o *borderline* está permanentemente conflitado entre o que é o seu próprio conceito de identidade e o que vem a ser o conceito de identidade da figura internalizada em bloco.

Lembremo-nos de que a grande importância do conceito de identidade é ser um conjunto de crenças e verdades aceitas por um determinado indivíduo, e isso funciona como seu padrão de referência na vida.

Como o próprio conceito de identidade está dividido no *borderline*, o conjunto de crenças e verdades aceitas por ele é sempre questionado internamente, e ele acaba por ficar sem um padrão de referência bem estruturado na sua própria vida.

Entendemos o padrão de referência como o "chão psicológico" que norteia as condutas e os procedimentos de um indivíduo, dentro do seu conceito de identidade (conjunto de crenças). O *borderline* fica sem "chão psicológico" e, portanto, suas condutas e seus procedimentos são, muitas vezes, instáveis e caóticos. Isso explica a grande dificuldade de a Psiquiatria Clássica, que norteia seus diagnósticos pelos sintomas, conseguir uma classificação não-ambígua da patologia do *borderline*.

Mecanismos defensivos

O *borderline* irá utilizar-se de todos os mecanismos defensivos inerentes aos seus modelos comprometidos. A grande mudança é que apresentará uma divisão interna diferente, que é a divisão interna entre o "seu" conceito de identidade e o conceito de identidade da "figura internalizada em bloco".

No discurso do indivíduo *borderline* estão presentes tanto os traços característicos do Eu como traços do discurso da figura internalizada em bloco. É comum termos um discurso do ingeridor, mas que também tem características de discurso do urinador, ou um discurso do defecador com traços característicos do ingeridor, e assim por diante. A identificação de qual deles é o do verdadeiro Eu e qual o da figura será dada pela proposta de relação interna patológica. Por exemplo: num discurso com traços do urinador e com traços do ingeridor, mas com proposta de relação do ingeridor, poderemos concluir que: os traços do urinador fazem parte do discurso da figura.

Essa mistura será encontrada também no tocante às defesas intrapsíquicas. Por exemplo: num indivíduo com traços do urinador e do ingeridor no seu discurso, mas, com proposta de relação do ingeridor, poderemos encontrar tanto defesas da linha fóbica e conversiva (nesse caso, do verdadeiro Eu) como defesas da linha de idéias obsessivas e rituais compulsivos (nesse caso, defesas da figura internalizada em bloco).

Na estratégia psicoterápica, devemos tratar as defesas intrapsíquicas do verdadeiro Eu como se trabalha normalmente essas defesas (espelho que retira). As defesas da figura devem seguir a estratégia de clareamento, identificação e "desmistura", como veremos adiante.

Estratégia psicoterápica

A parte mais importante na psicoterapia do *borderline* é fazer que ele consiga começar a discriminar os conteúdos do "seu" conceito de identidade dos conteúdos do conceito de identidade "da figura".

Para isso, devemos:

- Fazer um clareamento da divisão interna entre suas vivências (vontades, sentimentos, pensamentos, intenções e percepções) e as características da figura internalizada em bloco. Para que essa divisão fique bem caracterizada, devemos nomear a figura internalizada em bloco conforme suas características. Por exemplo: "conselheiro brochador", "cobrador", "amedrontador", "terrorista interno", "permissivo, tudo pode", "conselheiro pessimista", "desconfiado crônico", "otimista inveterado" etc. Ao criarmos essa denominação, passamos a ter, por exemplo, uma divisão interna de Marcos *versus* brochador, de Maria *versus* cobrador, de Carlos *versus* desconfiado etc.

- Trabalhar essa divisão interna nomeada, principalmente com a técnica do espelho desdobrado e espelho com descarga de modo que identifique e reforce o verdadeiro Eu do cliente e discrimine cada vez mais a influência da figura de mundo interno. A simples conscientização da divisão interna não é suficiente para desmontar a figura de mundo interno, pois ela é sentida como parte do verdadeiro Eu. Ela tem de ser identificada, discriminada e desobedecida (tendo como referência o histórico e o bom senso do cliente). Essa desobediência vai enfraquecendo a influência da "figura", ao mesmo tempo que possibilita o crescimento do verdadeiro Eu.

O restante se insere em uma psicoterapia convencional.

8. Psicopatologia e psicodinâmica da esquizofrenia

A esquizofrenia sempre foi e continua sendo um dos temas mais polêmicos da psiquiatria, e pretendo, neste capítulo, apenas dar a visão conceitual e psicoterápica que resolvemos adotar na Análise Psicodramática.

Entendo, na Análise Psicodramática, a esquizofrenia como resultante de um distúrbio do conceito de identidade do indivíduo. O conceito de identidade esquizofrênico é composto de vários conceitos de identidade mutuamente excludentes dentro do psiquismo de um mesmo indivíduo.

Dessa forma, entendo a esquizofrenia como uma patologia do psiquismo organizado e diferenciado (POD).

Utilizo, como referência, principalmente os estudos de Watzlawick, Beavin e Jackson (1977), em seu livro *Pragmática da comunicação humana*.

Os autores enunciam o conceito de Confirmação, Rejeição e Desconfirmação, de forma semelhante aos conceitos de Conjunção e Disjunção de R. Laing, ou mesmo de Tele enunciado por Moreno.

Junto a isso, enunciam a Teoria do Duplo Vínculo, como uma tentativa de explicação para a patologia comunicacional presente nos pacientes esquizofrênicos.

Resumirei brevemente esses conceitos.

Sabemos que "toda comunicação tem um aspecto de conteúdo e um aspecto de relação, tal que o segundo classifica o primeiro e é, portanto, uma metacomunicação".

Sabemos, também, que quando as comunicações estão de acordo em relação ao conteúdo ou então que esse conteúdo é bastante irrelevante, a grande importância da interação passa a ser a da proposta de relação que está embutida na mensagem comunicacional. Isso implica uma definição do Eu e do Outro, que está contida nessa comunicação.

Essa definição de Eu pode receber uma confirmação. Por exemplo: a afirmação "Eu sinto muito calor", implica uma definição: "Eu me sinto, me vejo e me percebo como uma pessoa que sente muito calor". A resposta "É verdade, quase nunca vejo você com um casaco" implica uma definição: "Eu te vejo da mesma forma que você se vê, sente e percebe".

Neste exemplo, houve concordância de conteúdo e também da definição do Eu. É uma interação comunicacional de Confirmação ou de Conjunção nas explicações de Laing, e de uma Tele positiva na linguagem moreniana.

Continuando com o exemplo, podemos obter uma outra resposta: "Você sempre diz isso, mas com freqüência o vejo todo agasalhado", que implica uma definição: "Eu te vejo como você se vê, sente e percebe, mas não estou de acordo, pois eu te vejo de forma diferente".

Nesse caso, houve discordância de conteúdo, mas existiu concordância em relação à definição do Eu. Estamos diante do conceito de Rejeição comunicacional. Continua a ser uma relação de Conjunção e de Tele positiva.

Continuando, no exemplo, podemos ter ainda uma outra resposta: "Ponha logo um casaco, pois você sempre foi muito friorento", que implica uma definição unilateral do Eu do outro participante: "Eu te vejo da forma que eu te vejo". Isto equivale a dizer que a definição de Eu do primeiro comunicante foi simplesmente ignorada e não levada em conta. Na medida em que o conceito de Eu do 1º comunicante é ignorado e é dado um novo conceito de Eu pelo 2º comunicante, estamos diante de uma relação de Desconfirmação ou de Disjunção (Laing) ou de Tele negativa (Moreno).

O resultado dessa interação comunicacional de Desconfirmação é que o 1º comunicante fica com dois conceitos de Eu: o conceito de Eu dele próprio e o conceito de Eu dado pelo 2º comunicante. Dessa forma, além de haver dois conceitos de Eu, eles são mutuamente excludentes.

Assim, "Eu estou com calor" (conceito de Eu do 1º comunicante) e "Ponha logo o casaco, pois você sempre foi friorento" (conceito de Eu do 1º comunicante dado pelo 2º comunicante) constituem um verdadeiro paradoxo.

Lembremos que o paradoxo é uma contradição a que se chega pela dedução correta de premissas coerentes. É um paradoxo na medida em que "Eu estou com calor somente se eu estiver com frio".

Teoria do Duplo Vínculo – Baterson, Jackson, Haley e Weakland

Em resumo, a Teoria de Duplo Vínculo pode ser dividida em cinco itens:

1. Duas ou mais pessoas estão envolvidas em algum tipo de relação, que possui um alto grau de valor de sobrevivência física e/ou psíquica para um ou mais dos integrantes. As mais comuns são: relação mãe e filho, cativeiro, fanatismo, enfermidade, dependência material etc.
2. Nesse tipo de contexto (alto grau de dependência física e/ou psíquica) estrutura-se uma comunicação do tipo desconfirmação, na qual o conceito de Eu de um ou de vários comunicantes acaba por ser sistematicamente ignorado e é dado outro conceito (mutuamente excludente) para ele ou eles.
3. A relação de intensa dependência impede um questionamento adequado (metacomunicação) sobre essa contradição (paradoxo).
4. Se esse tipo de relação dependência/desconfirmação/impossibilidade de metacomunicação for muito duradoura, ela se transforma numa expectativa natural de que todas as comunicações ofereçam esse padrão (desconfirmação).
5. A Dupla Vinculação impõe um tipo de comportamento paradoxal que se perpetua a si mesmo.

Um indivíduo que tenha sido submetido a esse tipo de relação acaba desenvolvendo um comportamento paradoxal, que se enquadra dentro dos critérios clínicos do comportamento esquizofrênico.

A ESQUIZOFRENIA NA VISÃO DA ANÁLISE PSICODRAMÁTICA

Entendemos a esquizofrenia, na Análise Psicodramática, como uma patologia que se estrutura na fase psicológica do desenvolvimento. Lembremos que a fase cenestésica do desenvolvimento é caracterizada pela incorporação de climas afetivos, facilitadores e inibidores, que ficarão vinculados ao desenvolvimento dos modelos psicológicos.

Lembremos também que a fase psicológica do desenvolvimento, que se inicia a partir do advento do ego, caracteriza-se pela formação do conceito de identidade.

Tanto a Desconfirmação como a Dupla Vinculação são distúrbios comunicacionais, com conseqüências pragmáticas, que se tornam mais acentuadas na fase psicológica. O que queremos dizer é que a Desconfirmação e a Dupla Vinculação não são climas afetivos, e sim ligados às interações comunicacionais.

Vamos comparar dois indivíduos durante a fase psicológica do desenvolvimento: um deles com interações comunicacionais baseadas na Confirmação e Rejeição e outro com interações comunicacionais baseadas na Desconfirmação.

1º indivíduo – interações comunicacionais baseadas na Confirmação e Rejeição ou com alto grau de Conjunção (Laing)

Na formação do conceito de identidade, ele registrará, no seu POD, as suas próprias vivências, seus próprios conceitos e suas próprias deduções, além de registrar também a incorporação dos modelos (assimilação dos modelos psicológicos das pessoas que convivem com essa criança) e uma série enorme de conceitos morais adquiridos.

Tanto os modelos incorporados como os conceitos morais adquiridos são chamados, na Análise Psicodramática, de Figuras de Mundo Interno.

Lembremos que os conceitos morais adquiridos são veiculados por intermédio da mídia, das histórias infantis, dos filmes, da escola, das religiões e, principalmente, do ambiente familiar. Eles estão carregados de conteúdos morais relacionados ao certo e errado, ao bom e mau e, principalmente, a como o indivíduo deve se sentir e se comportar.

Assim, os conceitos morais adquiridos oferecem uma identidade moral de como esse indivíduo deve ser e deve se comportar para se inserir na comunidade que o rodeia. Essa identidade moral será assimilada e, também, irá contrapor-se aos sentimentos e vivências desse próprio indivíduo, formando o seu conjunto de crenças e de verdades que alicerçarão o conceito de identidade.

Nesse desenvolvimento, que chamaremos de normal, esses conceitos adquiridos irão se compor com o verdadeiro Eu e, muitas vezes, irão se opor ao verdadeiro Eu. Quando a oposição acontece de forma frontal, ou o conceito adquirido é rejeitado ou então ele força para que as vivências do verdadeiro Eu sejam excluídas na 2ª zona de exclusão. Nesses casos, o conceito adquirido ficará no POD, será sentido e encarado como uma verdade e fará parte do conceito de identidade.

Tanto a incorporação desses conceitos adquiridos como a assimilação dos modelos ficam registradas no psiquismo (ego) e são passíveis de uma reformulação posterior.

Se examinarmos, no nosso exemplo de Rejeição da comunicação, teremos duas definições de Eu.

"Eu estou com calor" (eu me sinto, me vejo e me percebo como sentindo calor) ligado ao verdadeiro Eu.

"Você sempre diz isso, mas com freqüência o vejo todo agasalhado" (eu te vejo como você se vê, mas não estou de acordo, tenho uma visão diferente de você) ligado ao conceito adquirido. Este conceito adquirido pode ter origem na família (pai, mãe etc.), na religião, na sociedade etc.

Dessa forma, esse indivíduo lidará, internamente, com dois conceitos de identidade: "Como eu me vejo, me sinto e me percebo" ("Eu estou com calor") e "Como minha mãe, a religião ou a sociedade, acham que ele é ou deveria ser" ("Você está com frio").

Apesar de a sua definição de Eu ter sido rejeitada ao nível de conteúdo (estar com calor *versus* viver agasalhado), ela foi aceita ao nível relacional ("Você sempre diz isso").

Assim, temos uma contradição entre "o que eu acho de mim mesmo" *versus* "o que a minha mãe acha de mim" (ou da religião, da sociedade etc.).

A grande importância disso é que o conceito adquirido fica registrado na vivência desse indivíduo como um conceito que veio de fora.

2º indivíduo – Interações comunicacionais baseadas na Desconfirmação, com alto grau de Disjunção (Laing) e sujeitas a uma relação de Duplo Vínculo

Esse indivíduo vai formar seu conceito de identidade da mesma forma que o primeiro. Porém, existem duas grandes diferenças:

- Ao se encontrar sob uma situação de intensa dependência física e/ou psíquica, suas interações comunicacionais ganham um caráter vital, que dificultam ou mesmo impedem um questionamento do outro ou da situação (metacomunicação). É fundamental não desagradar ou não se contrapor ao outro.

- Suas definições de Eu não são confirmadas. Ao contrário, são sistematicamente ignoradas e desconfirmadas.

Pelo nosso exemplo, teremos duas definições de Eu para o mesmo indivíduo:

"Eu estou com calor" é a definição de Eu do 1º comunicante.

"Ponha logo o casaco, pois você é muito friorento" é a definição de Eu que o 2º comunicante faz do 1º comunicante.

A diferença do primeiro exemplo é que a definição de Eu, dada pelo 2º comunicante, não levou em conta a definição de Eu do 1º! Dessa forma, não houve acordo dos conteúdos nem da relação: eles foram ignorados pelo 2º comunicante (Desconfirmação).

Nós, observadores externos, sabemos que a definição "Você é muito friorento" veio do 2º comunicante (mãe, pai, religião, sociedade etc.) mas, pela ação do Duplo Vínculo e pela freqüência sistemática em que isso acontece, o indivíduo começa a perder a noção de que essa definição de Eu veio de fora e passa a tratá-la como se fosse igual à definição de Eu que veio de dentro.

Nesse ponto, ocorre um grande desastre, pois aquilo que seria uma simples contradição entre a definição "Eu estou com calor" e "Você é muito friorento" passa a ser um verdadeiro paradoxo. O indivíduo não consegue mais discriminar, no mundo interno, qual das definições veio de dentro (verdadeiro Eu) e qual delas veio de fora (Eu adquirido).

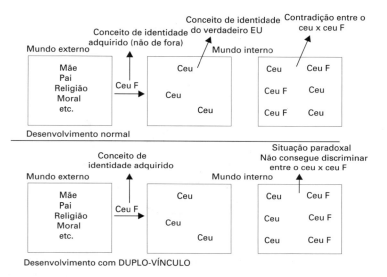

O resultado é a presença de dois conceitos de identidade: "Eu sou como eu me vejo, me sinto e me percebo" (estar com calor) e "Eu sou como eu me vejo, me sinto e me percebo" (estar com frio). Quando o saudável seria "Eu sou como eu me vejo (com calor) e eles me vêem de forma diferente (com frio)".

Dessa forma, o conceito de identidade foi contaminado com um paradoxo, pois, Eu só sou se não for!

Isto é, "Eu sou calorento" (conceito do verdadeiro Eu) só se "Eu sou friorento" (conceito de Eu adquirido, mas que é vivido como do verdadeiro Eu). Esses conceitos de identidade são mutuamente exclusivos e convivem no POD desse indivíduo, o que causa uma grave perda de referência psíquica.

Dessa forma, no POD do indivíduo com o desenvolvimento normal encontraremos um conceito de identidade em que existem registros tanto do verdadeiro Eu, como dos conceitos adquiridos. Parte das vivências, que se chocam frontalmente com o conceito de identidade vigente, é excluída e depositada na 2ª zona de exclusão.

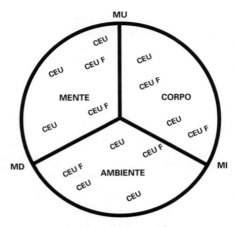

POD DO INDIVÍDUO NEURÓTICO

No POD do indivíduo que teve seu desenvolvimento psicológico pautado pela Desconfirmação e pelo Duplo Vínculo encontraremos um conceito de identidade dividido, ambivalente e paradoxal. Existem os registros das vivências de definições do verdadeiro Eu e das definições adquiridas, mas o indivíduo perdeu a capacidade de discriminação entre elas. Assim, ele não consegue mais saber o que veio de dentro (verdadeiro Eu) e o que veio de fora (conceito adquirido).

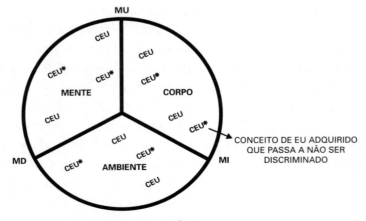

POD DO INDIVÍDUO ESQUIZOFRÊNICO

PATOLOGIA ESTRUTURAL DA ESQUIZOFRENIA

Estruturalmente, o indivíduo esquizofrênico pode ter um desenvolvimento cenestésico normal. Lembremo-nos de que as vivências mais importantes na fase cenestésica do desenvolvimento psicológico são os climas afetivos (facilitadores ou inibidores) e não as interações comunicacionais.

A patologia estrutural irá se localizar na fase psicológica do desenvolvimento, na qual as interações comunicacionais ocupam um lugar de destaque.

Podemos admitir que a patologia básica estrutural é o conceito de identidade dividido, ambivalente e paradoxal, que fica registrado no POD e passa a ser o padrão de referência interna desse indivíduo.

PATOLOGIA PSICOLÓGICA DA ESQUIZOFRENIA

O conceito de identidade pode ser resumido da seguinte forma: como eu penso, sinto e percebo quem eu sou, como eu vejo, sinto e percebo como são os outros, e como eu vejo, sinto e percebo o mundo que me rodeia.

Esse conjunto de crenças é o "chão psicológico" do indivíduo e funciona como um padrão de referência para todas as suas opiniões, comportamentos, posicionamentos e posturas na vida.

Um conceito de identidade dividido, ambivalente e mutuamente excludente comprometerá seriamente o padrão de referência desse indivíduo e, por conseguinte, suas opiniões, comportamentos, posturas e posicionamentos na vida.

Em outras palavras, ele não encontra, dentro de seu mundo interno, um padrão de referência confiável. Ele não tem um "chão psicológico". Dessa maneira, ele não confia mais em si mesmo, nem no outro, e muitas vezes nem na sua própria existência.

A tendência desse indivíduo (esquizofrênico) é, gradativamente, deixar de utilizar o conceito de identidade ambivalente (POD) como padrão de referência, e passar a utilizar, como referência, seus instintos e intuições.

Podemos dizer, de forma resumida, que a parte sadia do indivíduo esquizofrênico constitui-se das suas sensações e intuições, e que a sua parte doente é constituída das suas tentativas de explicações. Por exemplo: "Estou sendo perseguido por um homem de turbante vermelho que quer roubar meus pensamentos".

A parte sadia dessa mensagem comunicacional é a sensação de ser perseguido ("estou sendo perseguido") e a intuição de que tentam controlar seus pensamentos ("quer roubar meus pensamentos"). A parte doente é a explicação ("homem de turbante vermelho que quer roubar meus pensamentos").

Dessa forma, podemos avaliar que, no contato com esse indivíduo esquizofrênico, podemos identificar como sadias suas sensações cenestésicas (fase cenestésica) e parte das suas intuições (fase intuitiva que vai dos dois anos e meio aos cinco anos de idade, dentro da fase psicológica), e como doentes suas tentativas de explicação de si mesmo, dos outros e do mundo que o rodeia.

Veja a este respeito o capítulo XI do livro *Psicodrama: teoria e prática* (Silva Dias, 1987).

MECANISMOS DE DEFESA DA ESQUIZOFRENIA

O indivíduo com distúrbio esquizofrênico utiliza-se de todos os mecanismos defensivos do psiquismo. Além disso, ele faz uso das defesas psicóticas.

Lembremos que as defesas psicóticas são defesas intrapsíquicas, mobilizadas de maneira independente da vontade do indivíduo. Sua principal função é a de evitar o contato psicológico com a confusão e a desorganização do conceito de identidade ambivalente desse indivíduo.

Defesa paranóide

Derivada da defesa de idéias depressivas, é constituída de um debate interno sem fim a respeito da percepção do outro, das intenções do outro, das motivações do outro e de tudo mais que esteja fora de si mesmo. É um debate totalmente centrado "no que está fora" (mundo externo), o que evita assim o contato "com o que está dentro" (mundo interno).

Defesa catatônica

Derivada da defesa fóbica, é constituída de uma evitação acentuada de todo contato com o mundo exterior e com o próprio mundo interno, de modo que não tenha de mobilizar nenhuma conduta, opinião ou posicionamento. Dessa forma, evita o contato com sua própria ambivalência.

Defesa hebefrênica

Derivada das defesas de idéias obsessivas e de rituais compulsivos. É constituída de uma postura que evita toda e qualquer reflexão a respeito das próprias posturas e condutas, assim como das dos outros. O indivíduo age sem pensar e pensa sem refletir, parecendo muitas vezes um idiota. Dessa forma não "entra para dentro" para evitar o contato com a ambivalência.

ESTRATÉGIA PSICOTERÁPICA

Na psicoterapia com esquizofrênicos devemos focar três aspectos: continência externa, medicação e reorganização do conceito de identidade.

Continência externa

Como conseqüência de sua desorganização interna, esse indivíduo tende a não conseguir uma autocontinência que lhe permita reter conflitos no seu próprio mundo interno. Tanto os conflitos como a angústia e o desespero tendem a extravasar para o mundo externo. Isso compromete fortemente toda a sua capacidade de autonomia e dificulta a própria sobrevivência.

Torna-se necessária a organização de uma "rede de proteção" (continência externa) para que possamos abordar a sua parte psicológica.

Essa continência externa pode ser organizada com a família, muitas vezes com instituições (internações) e até mesmo com a comunidade.

Medicação

Essa desorganização interna gera angústia, pânico e desespero ao indivíduo. Devemos utilizar medicação para abrandar esses sintomas e, assim, abordar seu Eu psicológico.

Reorganização do conceito de identidade

É a parte realmente curativa da terapia com esquizofrênicos. Portanto, devemos:

- Nomear a ambivalência – muitas vezes, o próprio indivíduo, numa tentativa de autocura e de auto-organização, tenta nomear o conceito adquirido com nomes como: "as vozes", "o Espírito Santo!", "o homem da CIA", "Deus", "o Diabo", "a bruxa" etc. Se isso não tiver sido nomeado pelo próprio cliente, o terapeuta deve tentar identificar o conceito adquirido e nomeá-lo. Tal como "envenenador", "brochador", "perseguidor" etc. Uma vez nomeado o conceito adquirido, começamos a confrontá-lo, sistematicamente, com o verdadeiro Eu, até que o cliente comece a fazer a discriminação entre os dois.

- Valorizar as sensações e as intuições – lembremos que o esquizofrênico pode ter várias explicações delirantes e inconcebíveis, mas suas sensações e intuições tendem a ser saudáveis. Devemos tomá-las como referência para identificar e discriminar o verdadeiro Eu.

- Procurar as verdadeiras explicações – uma vez nomeado o conceito adquirido e confrontado com o verdadeiro Eu, começamos a procurar as verdadeiras explicações. Quem realmente perseguiu o cliente? Quem realmente tentou controlar seus pensamentos, suas condutas e suas opiniões? Quem, na verdade, tentou cerceá-lo o tempo todo?

Assim, começamos a auxiliar o cliente na formulação e na construção de um conceito de identidade (chão psicológico) não ambivalente e bem mais confiável.

9. A psicodinâmica das divisões internas

De forma genérica costumamos denominar divisões internas a existência de "duas ou mais forças conflitantes dentro do mundo interno do indivíduo".

Conflito interno é a sensação que o indivíduo tem quando coexistem forças opostas dentro do mundo interno. Quando essas mesmas forças se apresentam de forma mais estruturada, damos o nome de divisão interna.

Embora todas as divisões internas tenham a mesma configuração, de forças opostas, em conflito, que geram impasses e angústia patológica, sua psicodinâmica é bastante diversificada.

O objetivo deste capítulo é a sistematização das principais divisões internas que aparecem nos diversos quadros de psicopatologia da Análise Psicodramática.

DIVISÕES INTERNAS NEURÓTICAS

As divisões internas nas neuroses estão ligadas à fase psicológica do desenvolvimento e diretamente relacionadas ao conceito de identidade do indivíduo.

O conceito de identidade é formado pelas vivências e pelas conclusões do próprio indivíduo, pelos modelos incorporados e assimilados pela criança e pelos conceitos morais adquiridos, sendo que os dois últimos são chamados de Figuras de Mundo Interno. Muitas vezes, as vivências e as conclusões do próprio indivíduo se chocam de maneira frontal com os modelos incorporados e os conceitos morais adquiridos.

Para que o conceito de identidade seja formado por um mínimo de coerência e não por um conflito generalizado, o psiquismo isola uma parte do conflito como material excluído na 2ª zona de exclusão.

Esse material psicológico excluído não faz parte da identidade do indivíduo, mas do conceito de identidade.

Lembremo-nos de que o conceito de identidade é dinâmico e sujeito a reformulações. Por isso mesmo é que o chamamos de conceito de identidade vigente.

Por exemplo, determinados desejos e vontades que o indivíduo tenha, mas que se chocam frontalmente com conceitos morais, religiosos e sociais que estão incorporados, criam um conflito dentro do conceito de identidade. Para evitar isso, o psiquismo isola esses sentimentos na 2ª zona de exclusão, e o conceito adquirido passa a fazer parte do conceito de identidade.

Não só desejos e vontades do indivíduo podem ser excluídos. Também vão para a zona de exclusão pensamentos, percepções e intenções que se chocam com os modelos incorporados e com os conceitos adquiridos.

Temos aqui uma típica divisão interna: de um lado desejos e vontades do próprio indivíduo (excluídos na zona de exclusão) e, de outro, conceitos morais adquiridos (registrados no POD e claramente conscientes), que fazem parte do conceito de identidade vigente.

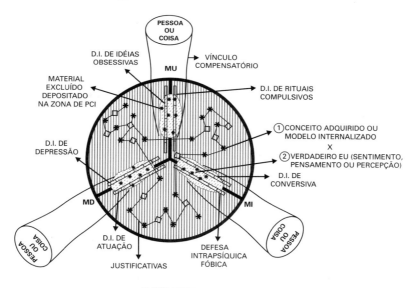

DIVISÃO INTERNA: 1 X 2

Uma vez conscientizados os dois lados do conflito, o indivíduo tem a chance de reavaliar seu comprometimento e aceitação com as Figuras do Mundo Interno (modelos incorporados e conceitos morais adquiridos).

Dessa forma ele pode reformular esses conceitos adquiridos ou a crença nos modelos incorporados e, assim, resgatar e integrar suas vivências excluídas. Assim, seu conceito de identidade é reformulado e se torna mais próximo do verdadeiro Eu. (Ver pesquisa intrapsíquica nas outras obras do autor.)

Temos dois tipos específicos de divisões internas neuróticas:

DIVISÃO INTERNA CORPORIFICADA (COMPULSÕES)

Encontramos a divisão interna corporificada, principalmente, nos processos de compulsão.

A divisão interna aparente, nos casos de compulsão, ocorre entre uma censura consciente *versus* um ato compulsivo.

A conscientização e o trabalho dessa divisão entre a censura consciente e o ato compulsivo é totalmente ineficaz e não leva a lugar nenhum.

O Ato Compulsivo esconde sempre uma figura permissiva do mundo interno do cliente.

Ao identificarmos a figura permissiva, encontramos a verdadeira divisão interna que alimenta a compulsão.

A verdadeira divisão interna é o embate censura consciente *versus* figura permissiva.

A censura consciente é uma figura do mundo interno (pai, mãe, avós etc.) ou o próprio bom senso do cliente.

A figura permissiva é sempre uma figura do mundo interno do cliente, encontra-se encoberta e representa uma aliança de cumplicidade com o cliente.

Por exemplo:

1. José Carlos, 30 anos, apresenta uma compulsão por comida. Relata que, após ter sido demitido de um emprego, teve a exacerbação de um comportamento que, na verdade, sempre existiu.

"Tenho um desejo enorme de comer, e assalto a geladeira mesmo sem fome. Faço sanduíches com tudo que existe lá dentro. Fico encantado em descobrir uma série de ingredientes e inventar sanduíches extravagantes com eles. Depois,

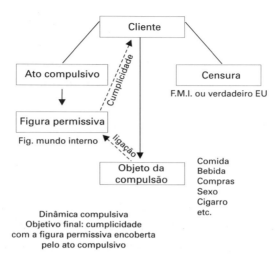

censuro-me fortemente com o que fiz. Chego até a ter náuseas pela mistura de ingredientes que, naquele momento, se apresentavam formidáveis."

A divisão interna aparente era da censura consciente *versus* o ato compulsivo de comer sanduíches.

José Carlos identifica a censura consciente com o modelo de sua mãe, uma mulher bastante severa. Nesse momento, a divisão interna passa a ser: Figura de Mundo Interno (mãe) *versus* Ato Compulsivo.

No desdobramento do Ato Compulsivo, temos a seguinte fala: "Olha quanta coisa gostosa! Vamos fazer vários sanduíches. Que tal esse com pepinos, azeitonas e queijo?! Olha! Podemos fazer um de picles com coalhada! Será que fica bom?" Tudo isso foi dito em tom de intensa cumplicidade com José Carlos.

Ele imediatamente identifica essa fala com a de Maria, uma antiga empregada na sua infância, que era muito acolhedora. Relembra que, muitas vezes, à noite, ficava com medo e ia para o quarto dela. Não procurava a mãe, pois esta era muito severa e pouco acolhedora. A grande diversão, com Maria, era ficarem na cozinha inventando sanduíches até que passasse o medo e voltasse o sono. Identificamos Maria como outra Figura de Mundo Interno (FMI).

Nesse momento, a divisão interna é:

FMI/mãe/censura *versus* FMI/Maria/acolhimento

José Carlos relembra que a mãe acabou por despedir Maria ao achar que ela interferia na disciplina do filho. Diz ter sentido muita falta dela, mas depois se esqueceu totalmente desses episódios, até esse momento da psicoterapia.

Lembremo-nos de que o objetivo da compulsão não é o objeto compulsivo, mas a reativação do clima de cumplicidade com a figura permissiva.

No nosso exemplo, o objeto da compulsão de José Carlos é a comida, mas o objetivo da compulsão é a reativação do clima afetivo de acolhimento, nos momentos de medo e de insegurança.

Após esse trabalho, a compulsão do José Carlos foi sensivelmente abrandada e, depois, desapareceu.

2. Francisco, 32 anos, traz uma queixa de ser um compulsivo sexual.

Ele relata: "Tenho uma necessidade muito grande de sexo. Vejo uma moça e sempre me encanto com algum detalhe nela (seus brincos, suas pernas, seu tipo de cabelo, sua roupa, sua postura gestual, qualquer coisa), que me deixa muito excitado. Parece que com ela tudo será muito diferente. É uma excitação incrível, que só passa quando consigo transar, com ela ou com outra pessoa. Muitas vezes saio com garotas de programa. Já cheguei até a faltar ao trabalho para encontrar-me com alguma moça. Depois, vem um vazio enorme, nem sei o nome da mulher, e aquele detalhe excitante perdeu todo o interesse.

Tenho me censurado com freqüência, pois estou acabando com meu casamento, tenho gastos enormes e ainda fico insatisfeito".

Nesse momento, a divisão interna é uma censura consciente *versus* o ato compulsivo.

Francisco identifica essa censura como o seu próprio bom senso. A divisão fica entre bom senso (verdadeiro Eu) *versus* Ato Compulsivo.

No desdobramento do Ato Compulsivo temos a seguinte fala: "Olha aquela lá, tem uma mecha vermelha no cabelo, deve ser diferente! E aquela outra, tem um brinco diferente do outro. Que legal!" E assim por diante. É uma fala com intenso prazer e cumplicidade com Francisco.

A divisão interna passa a ser: verdadeiro Eu *versus* figura permissiva.

Nesse momento, Francisco lembra-se de que, na adolescência, ele fazia uma grande lista de todas as meninas do colégio, com os detalhes de cada uma delas. Depois, ele ampliava essa lista e fixava-a atrás da porta de seu quarto. Sua mãe, com freqüência, passava horas conversando com ele sobre a lista. Havia muita cumplicidade entre eles, Francisco lhe contava detalhes excitantes das meninas, e a mãe o estimulava nas suas fantasias e pretensões.

Francisco se dá conta de uma forte cumplicidade erótica mãe-filho, que estava totalmente esquecida.

A divisão interna é: verdadeiro Eu (Francisco) *versus* cumplicidade erótica com a mãe.

Como já vimos, o objeto da compulsão de Francisco era transar com moças diferentes, mas o verdadeiro objetivo da compulsão era reavivar a cumplicidade erótica e prazerosa com a mãe.

Francisco relata sensível melhora após a conscientização dessa divisão interna. (Consultar o capítulo "Compulsões e dependências" no livro *Sonhos e psicodrama interno*, Ágora, 1996.)

DIVISÃO INTERNA NA DINÂMICA SUICIDA

Esta é uma divisão do tipo acusador *versus* acusado, mas que, em determinadas situações, se transforma numa divisão assassino *versus* vítima.

Um dos motivos presentes nessa transformação é quando o acusado concorda com o acusador, sem nenhuma restrição. Nesse momento, a divisão interna "deixa de existir", pois não existe mais conflito. Tanto o assassino como a vítima concordam que o indivíduo deve morrer! É então que o risco de suicídio se torna iminente.

Toda estratégia psicoterápica está baseada em "quebrar o acordo" e voltar ao conflito entre acusador e acusado. Para tanto, utilizamos a técnica de Interpolação de Resistência, com o cliente no papel de assassino, e o terapeuta, como terapeuta mesmo, questionando as motivações do assassino, até conseguir um titubeio ou uma brecha na argumentação do assassino. Nesse momento da dramatização, consegue-se o afastamento do risco iminente de suicídio e volta-se a ter a divisão interna acusador *versus* acusado.

Essa divisão interna assassino *versus* vítima pode ser encontrada de três formas:

- verdadeiro Eu (assassino) *versus* FMI (vítima);
- FMI (assassino) *versus* verdadeiro Eu (vítima);
- FMI (assassino) *versus* FMI (vítima).

DIVISÃO INTERNA NO ESQUIZÓIDE

No esquizóide, encontraremos dois tipos de divisão interna.

Uma delas, mais superficial, é a divisão interna neurótica, ligada ao conceito de identidade, que já foi vista no início deste capítulo.

A outra, embora se comporte como uma divisão interna, pode ser entendida como uma verdadeira cisão do próprio Eu.

Essa cisão do próprio Eu acontece na fase cenestésica do desenvolvimento psicológico e está intimamente ligada à falta de acolhimento e à sensação de não pertencer, da fase intra-uterina do desenvolvimento.

Lembremo-nos de que a rejeição ou a indiferença da mãe em relação ao feto irá gerar um clima afetivo inibidor de não-acolhimento.

Por ocasião do nascimento, já existe, impresso no PCI (psiquismo caótico e indiferenciado) desse bebê, essa sensação de não ser bem acolhido, essa sensação de não pertencer. Mesmo acolhido após o nascimento, essa sensação permanece em maior ou menor grau de intensidade.

O bebê desenvolverá todos os modelos, mas a sensação de não pertencer ficará acoplada a todos eles, o que gera uma verdadeira cisão no Eu desse indivíduo, pois ele tem uma sensação de fazer parte e interagir na formação dos Modelos do Ingeridor, do Defecador e do Urinador! Ao mesmo tempo, ele tem um registro anterior de não pertencer!

Podemos dizer que esta é uma cisão estrutural do Eu. Faz parte do desenvolvimento cenestésico, e pode ser muito grave (personalidade esquizóide) ou mais branda (núcleo esquizóide).

Durante o desenvolvimento psicológico, essa cisão estrutural irá se transformar num conteúdo psicológico e dinâmico que chamamos de Eu observador e Eu operativo.

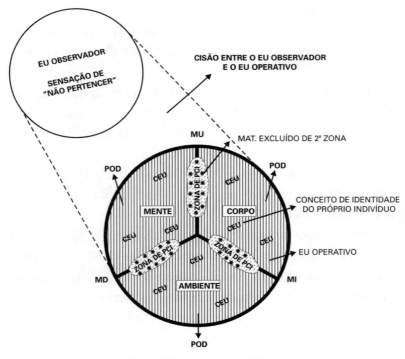

DIVISÃO INTERNA NO ESQUIZÓIDE

A) DIV. INT. NEURÓTICA: CEU X MAT. 2ª ZONA ACONTECE NO EU OPERATIVO.
B) CISÃO DO EQUIZÓIDE: EU OBSERVADOR X EU OPERATIVO

Portanto, teremos as duas divisões internas:

- divisão interna neurótica – conceito de identidade do indivíduo *versus* material excluído de 2ª zona;
- divisão interna esquizóide: Eu observador *versus* Eu operativo (cisão estrutural do Eu).

DIVISÃO INTERNA NO BORDERLINE

No *borderline* encontramos duas divisões internas. Uma, formada no desenvolvimento do conceito de identidade, que é a já descrita divisão interna neurótica, e outra, mais complexa, que fica estruturada entre o verdadeiro Eu *versus* a figura internalizada em bloco (FIB), e que chamaremos de divisão interna do *borderline*.

Lembremo-nos de que a figura internalizada em bloco é assimilada e incorporada no final do Modelo do Urinador e antes do advento do ego, entre dois e três anos de idade. Embora não fique vinculada ao Modelo do Urinador, essa figura fica impressa na estrutura básica da personalidade.

Durante o desenvolvimento psicológico posterior, a formação do conceito de identidade estará comprometida por essa figura, de modo que as vivências e conclusões do verdadeiro Eu ficam contaminadas com as vivências e conceitos da figura incorporada em bloco.

Dessa forma, o *borderline* não tem certeza nem segurança de como fica o seu conceito de identidade, que está misturado e conflitado com o conceito de identidade da FIB, dentro do seu POD.

Podemos dizer que a divisão interna do *borderline* fica entre o verdadeiro Eu *versus* o Eu da figura internalizada em bloco, o que gera assim um conceito de identidade conflitado.

É importante ressaltar que, na divisão interna do *borderline*, existe uma guerra constante dentro do mundo interno do cliente. Há um confronto permanente entre o Eu verdadeiro do cliente e as características do Eu da FIB, o que gera grande desestabilização do conceito de identidade, assim como uma grande mobilização de agressividade que acaba canalizada contra o próprio indivíduo ou para o mundo externo.

Todo o processo terapêutico para tratar a divisão interna do *borderline* consiste na *discriminação entre o Verdadeiro Eu e as características do Eu da Figura Internalizada em Bloco*.

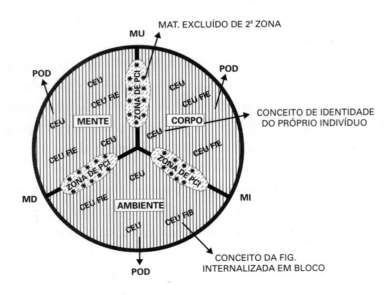

DIVISÃO INTERNA NO *BORDERLINE*
A) DIV. INT. NEURÓTICA: CEU X MAT. EXCLUÍDO DA 2ª ZONA
B) DIV. DO BORDERLINE: CEU X CFIB

Assim, encontraremos duas divisões internas no *borderline*:

- divisão interna neurótica entre o conceito de identidade do indivíduo *versus* material excluído da 2ª zona;
- divisão interna do *borderline* entre o conceito de identidade do indivíduo *versus* conceito de identidade da figura internalizada em bloco.

Na estratégia psicoterápica é importante tratar, primeiro, a divisão do *borderline*, para depois acessar a divisão interna neurótica. (Ver, a este respeito, o capítulo 7.)

DIVISÃO INTERNA NO ESQUIZOFRÊNICO

Essa divisão é a própria divisão do conceito de identidade, resultante do processo de interações comunicacionais de Desconfirmação e de Duplo Vínculo.

O resultado dessa divisão é o conceito de identidade ambivalente, em que encontraremos o conceito de identidade do próprio indivíduo *versus* o conceito de identidade adquirido.

Ao não conseguir discriminar o conceito de identidade verdadeiro do conceito de identidade adquirido, o indivíduo não consegue se organizar e ter um padrão de referência psicológico. Ele não tem como confiar em si mesmo, nem na própria existência.

Diferentemente da divisão interna do *borderline*, na qual existe grande agressividade no confronto da divisão interna, no esquizofrênico encontramos certa resignação e desespero diante desses dois ou mais Eus paradoxais e mutuamente excludentes.

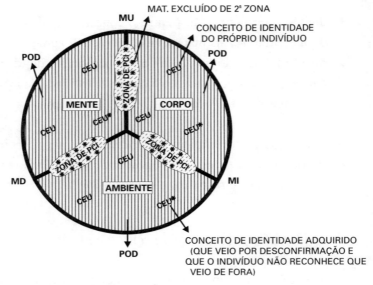

DIV. INTERNA NO ESQUIZOFRÊNICO
A) DIV.INT. NEURÓTICA: MAT. 2ª ZONA X CEU X CEU*
B) DIV. AMBIVALENTE CEU X CEU*(CONCEITO DE ID. ADQUIRIDO)

No esquizofrênico, teremos duas divisões internas:

- divisão interna neurótica entre o conceito de identidade do indivíduo *versus* conceito de identidade adquirido *versus* material de 2ª zona;
- divisão interna esquizofrênica entre o conceito de identidade do indivíduo *versus* conceito de identidade adquirido (e não discriminado).

Tal como no *borderline*, a estratégia psicoterápica baseia-se em tratar primeiro a divisão interna esquizofrênica, para depois abordar a divisão interna neurótica. (Ver capítulo 8, sobre psicodinâmica da esquizofrenia.)

Referências bibliográficas

Almeida, W. C. *Formas do encontro: psicoterapia aberta*. São Paulo: Ágora, 1982.

Bally, G. *El juego como expresión de libertad*. Cidade do México: Fondo de Cultura Económica, 1964.

Brennam, B. *A luz emergente*. São Paulo: Cultrix, 1993.

Buber, M. *Eu e tu*. São Paulo: Cortez e Moraes, 1977.

Busnel, M. C. *Relação mãe–feto: visão atual das neurociências*. São Paulo: Casa do Psicólogo, 2002.

Bustos, D. M. *Psicoterapia psicodramática*. Buenos Aires: Paidós, 1971.

Cooper, D. *Psiquiatría y antipsiquiatría*. Buenos Aires: Paidós, 1971.

Ey, H.; Bernard, P.; Brisset, C. H. *Tratado de psiquiatría*. Barcelona: Toray-Masson, 1965.

Farbain, W. R. *Estudo psicoanalítico de la personalidad*. Buenos Aires: Hormé, 1975.

FENICHEL, O. *Teoria psicanalítica das neuroses*. São Paulo. Atheneu, 2000.

FIORINI, H. J. *Teoria e técnica de psicoterapias*. Rio de Janeiro: Francisco Alves, 1976.

FONSECA FILHO, J. S. *Psicodrama da loucura – Correlações entre Buber e Moreno*. São Paulo, Ágora, 1980.

FREUD, S. *Obras completas*. Madri: Editorial Biblioteca Nueva, 1967.

GABBARD, Glen O. *Psiquiatria psicodinâmica*. Porto Alegre: Artmed, 1998.

GONÇALVES, S. C.; WOLF, J. R.; ALMEIDA, W. C. *Lições de psicodrama – Introdução ao pensamento de J. L. Moreno*. São Paulo: Ágora, 1988.

HEGENBERG, M.; *Borderline*. São Paulo: Casa do Psicólogo, 2000 (Coleção Clínica Psicanalítica).

HILL, Lewis B. *Psicoterapía en la esquizofrenía*. Buenos Aires: Paidós, 1956.

KAPLAN, H. I.; SODOCK, B. J. *Tratado de psiquiatria*. Porto Alegre: Artes Médicas, 1995.

KERNBERG, Otto F. et al. *Psicoterapia psicodinâmica de pacientes borderline*. Porto Alegre: Artes Médicas, 1991.

LAING, R. D. *O eu e os outros*. Petrópolis: Vozes, 1978.

_____. *O eu dividido*. Petrópolis: Vozes, 1973.

LAPLANCHE, J. E.; PONTALIS, J. B. *Vocabulário da psicanálise*. São Paulo: Martins Fontes, 1970.

LOWEN, A. *Bionergética*. São Paulo: Summus, 1982.

_____. *O corpo em terapia*. São Paulo: Summus, 1977.

_____. *Narcisismo*. São Paulo: Cultrix, 1986.

Moreno, J. L. *Fundamentos de psicodrama*. São Paulo: Mestre Jou, 1983.

_____. *Fundamentos de la sociometría*. Buenos Aires: Paidós, 1972.

_____. *Las bases de psicoterapía*. Buenos Aires, Paidós, 1967.

_____. *Psicodrama*. Buenos Aires: Hormé, 1972.

_____. *Psicodrama*. São Paulo: Cultrix, 1975.

_____. *Psicoterapia de grupo e psicodrama*. São Paulo: Mestre Jou, 1974.

Pierrakos, J. *Energética da essência*. São Paulo: Pensamento, 1987.

Rojas-Bermúdez, J. G. "El núcleo del yo". *Cuadernos de Psicoterapía*, v. VI, n. 1. Buenos Aires: Genitor, 1971, pp. 7-41.

_____. *Introdução ao psicodrama*. São Paulo: Mestre Jou, 1970.

_____. *Núcleo do eu*. São Paulo: Natura, 1978.

_____. *Qué es el psicodrama*. Buenos Aires: Genitor, 1975.

Schneider, K. *Psicopatología clínica*. Madri: Paz Montalvo, 1963.

Silva Dias, V. R. C. *Análise psicodramática*. São Paulo: Ágora, 1994.

_____. *Psicodrama: teoria e prática*. São Paulo: Ágora, 1987.

_____. *Sonhos e psicodrama interno*. São Paulo: Ágora, 1996.

_____. *Sonhos e símbolos*. São Paulo: Ágora, 2002.

_____. *Vínculo conjugal*. São Paulo: Ágora, 2000.

_____; Tiba, I. *Núcleo do eu*. São Paulo: Edição dos Autores, 1977.

Soeiro, A. C. *Psicodrama e psicoterapia*. São Paulo: Ágora, 1995.

SPITZ, R. *El primer año de vida del niño*. Madri: Aguilar, 1996.

TIBA, I. *Puberdade e adolescência: desenvolvimento biopsicossocial*. São Paulo: Ágora, 1985.

WATZLAWICK, P.; BEAVIN, J. H.; JACKSON, D. D. *Pragmática da comunicação humana*. São Paulo: Cultrix, 1977.

WEIL, P. *Esfinge: estrutura símbolo do homem*. Belo Horizonte: Itatiaia, 1977.

_____. *As fronteiras da regressão*. Petrópolis: Vozes, 1977.

WINNICOTT, D. W. *O ambiente e os processos de maturação*. Porto Alegre: Artmed, 1983.

_____. *Da pediatria à psicanálise*. Rio de Janeiro: Francisco Alves, 1978.

Sobre o autor

VICTOR ROBERTO CIACCO DA SILVA DIAS nasceu em São João da Boa Vista, estado de São Paulo. Formou-se em Psiquiatria pela Faculdade de Medicina da Universidade de São Paulo e em Psicodrama pela Associação Brasileira de Psicodrama e Sociodrama.

Trabalha como psicodramatista desde 1972. Exerceu e exerce a função didática nas principais entidades de ensino de Psicodrama do Brasil. Foi secretário e presidente do Conselho da Federação Brasileira de Psicodrama e coordenador-geral do Departamento de Psicodrama do Instituto Sedes Sapientiae.

Fundador e coordenador da Escola Paulista de Psicodrama (EPP), tem mais cinco livros publicados pela Editora Ágora: *Análise psicodramática – Teoria da programação cenestésica*; *Psicodrama – Teoria e prática*; *Sonhos e psicodrama interno na análise psicodramática*; *Sonhos e símbolos na análise psicodramática – Glossário de símbolos*; e *Vínculo conjugal na análise psicodramática – Diagnóstico estrutural dos casamentos*.

IMPRESSO NA
sumago gráfica editorial ltda
rua itauna, 789   vila maria
02111-031   são paulo   sp
telefax 11 **6955 5636**
sumago@terra.com.br

------------ dobre aqui ------------

CARTA-RESPOSTA
NÃO É NECESSÁRIO SELAR

O SELO SERÁ PAGO POR

AC AVENIDA DUQUE DE CAXIAS
01214-999 São Paulo/SP

------------ dobre aqui ------------

CADASTRO PARA MALA-DIRETA

Recorte ou reproduza esta ficha de cadastro, envie-a completamente preenchida por correio ou fax, e receba informações atualizadas sobre nossos livros.

Nome: _____ Empresa: _____

Endereço: ☐ Res. ☐ Com. _____ Bairro: _____

CEP: _____ - _____ Cidade: _____ Estado: _____ Tel.: (___) _____

Fax: (___) _____ E-mail: _____ Data de nascimento: _____

Profissão: _____ Professor? ☐ Sim ☐ Não Disciplina: _____

1. Onde você compra livros?
- ☐ Livrarias
- ☐ Feiras
- ☐ Telefone
- ☐ Correios
- ☐ Internet
- ☐ Outros. Especificar: _____

2. Onde você comprou este livro? _____

3. Você busca informações para adquirir livros por meio de:
- ☐ Jornais
- ☐ Amigos
- ☐ Revistas
- ☐ Internet
- ☐ Professores
- ☐ Outros. Especificar: _____

4. Áreas de interesse:
- ☐ Psicologia
- ☐ Comportamento
- ☐ Crescimento Interior
- ☐ Saúde
- ☐ Astrologia
- ☐ Vivências, Depoimentos

5. Nestas áreas, alguma sugestão para novos títulos? _____

6. Gostaria de receber o catálogo da editora? ☐ Sim ☐ Não

7. Gostaria de receber o Ágora Notícias? ☐ Sim ☐ Não

Indique um amigo que gostaria de receber a nossa mala-direta.

Nome: _____ Empresa: _____

Endereço: ☐ Res. ☐ Coml. _____ Bairro: _____

CEP: _____ - _____ Cidade: _____ Estado: _____ Tel.: (___) _____

Fax: (___) _____ E-mail: _____ Data de nascimento: _____

Profissão: _____ Professor? ☐ Sim ☐ Não Disciplina: _____

Editora Ágora
Rua Itapicuru, 613 7º andar 05006-000 São Paulo - SP Brasil Tel. (11) 3872-3322 Fax (11) 3872-7476
Internet: http://www.editoraagora.com.br e-mail: agora@editoraagora.com.br